2022

中国房地产统计年鉴

CHINA REAL ESTATE STATISTICS YEARBOOK

国 家 统 计 局
固定资产投资统计司 编

中国统计出版社
China Statistics Press

图书在版编目（CIP）数据

中国房地产统计年鉴. 2022 = China Real Estate Statistical Yearbook 2022 / 国家统计局固定资产投资统计司编. -- 北京 : 中国统计出版社, 2022.12
ISBN 978-7-5230-0013-7

Ⅰ. ①中… Ⅱ. ①国… Ⅲ. ①房地产业－统计资料－中国－2022－年鉴 Ⅳ. ①F299.233.5-54

中国版本图书馆 CIP 数据核字(2022)第 213966 号

中国房地产统计年鉴 2022

作　　者/国家统计局固定资产投资统计司
责任编辑/郭　栋
执行编辑/且淑芬
装帧设计/李雪燕
出版发行/中国统计出版社有限公司
通信地址/北京市丰台区西三环南路甲 6 号　邮政编码/100073
发行电话/邮购（010）63376909　书店（010）68783171
网　　址/http://www.zgtjcbs.com/
印　　刷/河北鑫兆源印刷有限公司
经　　销/新华书店
开　　本/880mm×1230mm　1/16
字　　数/450 千字
印　　张/15
版　　别/2022 年 12 月第 1 版
版　　次/2022 年 12 月第 1 次印刷
定　　价/380.00 元

说　明

《中国房地产统计年鉴 2022》是一部反映中国房地产市场运行状况的统计资料，收集了全国房地产开发企业开发经营统计数据，是全面客观研究和深入量化分析房地产市场的权威工具。

《中国房地产统计年鉴 2022》资料来源于 2021 年全国房地产开发统计报表基层数据。统计范围为有开发经营活动的全部房地产开发经营法单位。本年报分为综合篇和城市篇两大部分。

综合篇主要内容包括：各地区房地产开发企业个数及从业人员情况；各地区房地产开发投资完成情况及到位资金情况；各地区房屋开竣工面积、商品房销售及土地购置情况；各地区房地产开发企业经营收入及资产负债情况等。

为重点反映全国大、中城市房地产开发企业的运行状况，本年鉴单独发布了 35 个重点城市（直辖市、省会城市及计划单列市）的房地产开发统计资料。城市篇的主要内容包括：重点城市房地产开发企业完成投资情况；重点城市商品房销售情况、成套房屋建设情况、商品房待售情况以及房地产企业主要财务指标完成情况等内容。

本年鉴数据使用注意事项：

1. 本年鉴资料来源于房地产开发企业联网直报的基层报表数据库，不包括香港、澳门特别行政区和台湾省数据。

2. 本年鉴资料凡小数点后各项相加不等于总计者，均由于数据四舍五入的缘故。

3. 本年鉴各表中的“空格”表示该项统计数据不足本表最小单位数、数据不详或无该项数据；“#”表示其中的主要项。

4. 本年鉴资料由国家统计局固定资产投资统计司编制并负责解释。

目 录

第一部分 综合篇

第一章 房地产开发企业基本概况

第二章 房地产开发投资及企业到位资金情况

第四章　房地产开发企业主要财务状况

第二部分　城市篇

第五章　35 个大中城市房地产综合情况

附 录

第一部分　综合篇

第一章　房地产开发企业基本概况

1-1　房地产开发企业主要指标完成情况

指　标	绝对量		增速	
	2020	2021	2020	2021
一、企业个数(个)	**103262**	**105434**	**3.7**	**2.1**
1.按登记注册类型分				
内资	99150	101374	3.6	2.2
#国有企业	1133	1209	68.9	6.7
#集体企业	227	208	-1.3	-8.4
#有限责任公司	36878	38261	-17.1	3.8
#私营企业	59620	60600	24.3	1.6
港、澳、台投资	2759	2703	3.6	-2.0
外商投资	1353	1357	13.8	0.3
2.按规模分				
大型企业	887	1063	6.2	19.8
中型企业	35029	37613	1.6	7.4
小微企业	67346	66758	4.8	-0.9
二、从业人员平均人数(人)	**2901253**	**2801571**	**-1.2**	**-3.4**
按规模分				
大型企业	85173	82105	-6.7	-3.6
中型企业	1337469	1331864	-3.2	-0.4
小微企业	1478611	1387602	0.9	-6.2
三、本年完成投资(亿元)	**141442.95**	**147602.08**	**7.0**	**4.4**
1.按构成分				
建筑安装工程	87754.74	94246.36	7.1	7.4
设备工器具购置	1442.94	1331.07	-15.8	-7.8
其他费用	52245.27	52024.64	7.7	-0.4
#土地购置费	44451.87	43504.68	6.7	-2.1
2.按工程用途分				
住宅	104445.73	111173.00	7.6	6.4
办公楼	6494.10	5973.90	5.4	-8.0
商业营业用房	13076.06	12444.76	-1.1	-4.8
其他	17427.05	18010.42	10.8	3.3
四、本年新增固定资产(亿元)	**42970.47**	**50091.03**	**-0.1**	**16.6**
五、本年土地购置面积(万平方米)	**25536.28**	**21589.86**	**-1.1**	**-15.5**

1-1 续表

指　标	绝对量		增速	
	2020	2021	2020	2021
六、本年实际到位资金(亿元)	**193114.85**	**201132.21**	**8.1**	**4.2**
国内贷款	26675.94	23295.79	5.7	-12.7
利用外资	192.00	107.36	9.3	-44.1
自筹资金	63376.65	65427.69	9.0	3.2
定金及预收款	66546.83	73945.65	8.5	11.1
个人按揭贷款	29975.81	32388.19	9.9	8.0
其他到位资金	6347.62	5967.53	-0.9	-6.0
七、房屋建筑面积(万平方米)				
施工面积	926759.19	975386.51	3.7	5.2
#住宅	655557.72	690319.37	4.4	5.3
竣工面积	91218.23	101411.94	-4.9	11.2
#住宅	65910.03	73016.20	-3.1	10.8
八、商品房销售				
商品房销售面积(万平方米)	176086.22	179433.41	2.6	1.9
#住宅	154878.47	156532.17	3.2	1.1
商品房平均销售价格(元/平方米)	9860	10139	5.9	2.8
#住宅	9980	10396	7.5	4.2
九、资产总计(亿元)	**1062327.43**	**1133856.73**	**12.1**	**6.7**
按规模分				
大型企业	78534.52	81642.38	14.7	4.0
中型企业	524818.92	565664.95	11.0	7.8
小微企业	458973.98	486549.40	12.9	6.0
十、负债合计(亿元)	**857043.72**	**910483.55**	**12.5**	**6.2**
十一、所有者权益合计(亿元)	**205283.71**	**223373.18**	**10.4**	**8.8**
十二、主营业务收入(亿元)	**118582.08**	**134342.24**	**7.6**	**13.3**
土地转让收入	747.84	769.29	-14.4	2.9
商品房销售收入	112267.54	127444.89	7.8	13.5
自持物业收入	2016.21	2290.76	0.3	13.6
其他收入	3550.50	3837.31	9.9	8.1

注：商品房平均销售价格由报告期内新建商品房销售额除以销售面积计算而成。不同时期的商品房平均销售价格可能会受商域、房屋类型等各种因素的影响(以下相关各表同)。

1-2　各地区按登记注册类型分的房地产开发企业个数

单位：个

地　区	总　计	内　资	国　有	集　体	股份合作	国有联营	集体联营
全国总计	**105434**	**101374**	**1209**	**208**	**72**	**21**	**2**
北　京	1257	1175	1	3	5		
天　津	1182	1107	37	3			
河　北	4182	4143	11				
山　西	2690	2679	21	3			
内蒙古	1713	1712	2				
辽　宁	2859	2649	23	1			
吉　林	1561	1545	10				
黑龙江	1416	1400	9	1	3		
上　海	2692	2314	91	14	1	2	
江　苏	7315	6713	149	12	8	8	
浙　江	6942	6648	25	7	4		
安　徽	4240	4176	22	1	2		
福　建	3571	3252	13	4	1		
江　西	3068	2995	33	1	1	1	
山　东	7768	7456	120	33	7	2	
河　南	8252	8175	48	3	1	1	
湖　北	4224	4130	89	5	4	3	2
湖　南	4803	4708	36	3	3		
广　东	9885	9011	165	84	15	1	
广　西	3370	3291	13	4	2		
海　南	1188	1141	36	5		1	
重　庆	2349	2243	24		1	1	
四　川	4790	4713	45	2	7		
贵　州	2842	2818	21	3			
云　南	3035	2997	38	2	1		
西　藏	131	131	2				
陕　西	2953	2912	73	8	5	1	
甘　肃	1765	1760	39	5			
青　海	325	324	3		1		
宁　夏	595	588	1				
新　疆	2471	2468	9	1			

1-2 续表 1

单位：个

地区	内资						
	国有与集体联营	其他联营	国有独资公司	其他有限责任公司	股份有限公司	私营独资	私营合伙
全国总计	**3**	**11**	**2715**	**35546**	**963**	**443**	**51**
北京			36	1031	11		
天津			78	595	21	12	
河北			46	1294	11	2	
山西			60	598	1	1	
内蒙古			26	322	1		
辽宁			44	714	27	54	3
吉林			37	375	16	6	1
黑龙江			29	442	22	14	
上海			211	1143	27	3	
江苏	1	3	190	1701	127	59	8
浙江			172	2364	20	8	2
安徽		1	141	2224	11	7	4
福建			126	848	3	2	1
江西	1	2	45	987	36	15	2
山东		1	186	2961	114	23	3
河南			86	2906	52	17	
湖北			109	1455	68	17	3
湖南			116	1198	41	19	6
广东		4	139	3627	108	80	8
广西			100	1152	7	1	
海南			33	716	32	6	
重庆	1		88	497	32	10	
四川			189	2112	27	15	4
贵州			119	791	13	3	
云南			87	1056	67	9	3
西藏			10	49	1	2	
陕西			100	990	24	14	1
甘肃			45	555	21	20	1
青海			8	76	2	4	1
宁夏			15	152	1	2	
新疆			44	615	19	18	

1-2　续表 2

单位：个

地　区	内资			港澳台商投　资			
	私营有限责任公司	私营股份有限公司	其他内资企　业		合资经营	合作经营	独　资
全国总计	**59555**	**551**	**24**	**2703**	**1024**	**138**	**1455**
北　京	87	1		38	11	10	16
天　津	355	3	3	45	18	3	24
河　北	2773	6		23	8		13
山　西	1990	5		7	3	1	3
内蒙古	1357	4					
辽　宁	1766	13	4	153	58	2	91
吉　林	1091	8	1	9	4	1	4
黑龙江	872	7	1	10	4		6
上　海	802	20		272	102	9	153
江　苏	4405	36	6	449	236	7	186
浙　江	4026	20		152	74	1	75
安　徽	1749	14		43	19		24
福　建	2250	4		197	75	8	112
江　西	1844	27		58	30		26
山　东	3950	55	1	214	112	5	83
河　南	5037	24		43	11	2	30
湖　北	2349	25	1	59	25	2	27
湖　南	3246	38	2	62	17	1	44
广　东	4737	42	1	618	129	76	397
广　西	2007	5		38	17	2	19
海　南	298	14		35	8	2	20
重　庆	1559	30		70	16	4	45
四　川	2285	26	1	45	15	2	28
贵　州	1854	14		16	10		6
云　南	1681	53		23	11		11
西　藏	65	2					
陕　西	1683	12	1	16	6		9
甘　肃	1052	22		2	2		
青　海	226	3					
宁　夏	411	6		3	2		1
新　疆	1748	12	2	3	1		2

1-2 续表 3

单位：个

地区	港澳台商投资		外商投资					
	股份有限	其他		合资经营	合作经营	独资	股份有限	其他
全国总计	**44**	**42**	**1357**	**580**	**47**	**677**	**19**	**34**
北京		1	44	23	8	13		
天津			30	7		18	4	1
河北	1	1	16	6	1	9		
山西			4	1		3		
内蒙古			1			1		
辽宁	2		57	30		27		
吉林			7	2		4		1
黑龙江			6	3		3		
上海	5	3	106	34	5	62	1	4
江苏	8	12	153	81	5	62	2	3
浙江	1	1	142	67		74		1
安徽			21	4		17		
福建	1	1	122	36		85	1	
江西	1	1	15	7		6		2
山东	9	5	98	55	2	37	2	2
河南			34	11	1	21	1	
湖北	4	1	35	15		18		2
湖南			33	21	1	9	1	1
广东	5	11	256	94	17	129	4	12
广西			41	20		21		
海南	4	1	12	5	2	3		2
重庆	2	3	36	18	2	13	3	
四川			32	9	1	22		
贵州			8	6	1	1		
云南		1	15	8		7		
西藏								
陕西	1		25	14	1	8		2
甘肃			3	1		2		
青海			1	1				
宁夏			4	1		2		1
新疆								

1-3　各地区按资质等级分的房地产开发企业个数

单位：个

地　区	总　计	一　级	二　级	三　级	四　级	暂　定	其　他
全国总计	**105434**	**1340**	**8736**	**14954**	**15674**	**53400**	**11330**
北　京	1257	46	61	66	639	367	78
天　津	1182	15	50	55	722	207	133
河　北	4182	78	273	519	1187	1983	142
山　西	2690	22	168	200	1091	1160	49
内蒙古	1713	19	104	239	869	319	163
辽　宁	2859	30	158	562	40	1533	536
吉　林	1561	10	142	204	250	910	45
黑龙江	1416	12	156	631	112	376	129
上　海	2692	34	187	209	2	1867	393
江　苏	7315	105	1636	350	22	4269	933
浙　江	6942	86	275	855	505	3354	1867
安　徽	4240	63	249	639	232	2634	423
福　建	3571	32	202	622	484	1938	293
江　西	3068	23	117	283	278	2012	355
山　东	7768	163	474	756	1117	4388	870
河　南	8252	119	635	824	475	4995	1204
湖　北	4224	74	319	395	701	2306	429
湖　南	4803	47	225	1081	1189	2030	231
广　东	9885	94	226	1089	1943	5099	1434
广　西	3370	23	127	395	266	2467	92
海　南	1188	7	31	97	129	746	178
重　庆	2349	74	732	419	21	1036	67
四　川	4790	55	1019	2650	48	805	213
贵　州	2842	8	214	361	342	1816	101
云　南	3035	27	178	199	949	1358	324
西　藏	131	1	14	20	32	62	2
陕　西	2953	31	339	487	833	814	449
甘　肃	1765	10	119	344	554	711	27
青　海	325	3	67	56	56	114	29
宁　夏	595	10	108	134	103	220	20
新　疆	2471	19	131	213	483	1504	121

1-4 各地区按隶属关系分的房地产开发企业个数

单位：个

地　区	合　计	中央属	地方属	其　他
全国总计	**105434**	**1122**	**8593**	**95719**
北　京	1257	62	334	861
天　津	1182	45	248	889
河　北	4182	23	285	3874
山　西	2690	22	162	2506
内蒙古	1713	11	70	1632
辽　宁	2859	32	96	2731
吉　林	1561	5	115	1441
黑龙江	1416	20	176	1220
上　海	2692	90	641	1961
江　苏	7315	63	310	6942
浙　江	6942	49	216	6677
安　徽	4240	43	338	3859
福　建	3571	12	240	3319
江　西	3068	20	218	2830
山　东	7768	43	1013	6712
河　南	8252	41	473	7738
湖　北	4224	76	361	3787
湖　南	4803	41	310	4452
广　东	9885	138	675	9072
广　西	3370	23	202	3145
海　南	1188	37	173	978
重　庆	2349	38	140	2171
四　川	4790	31	472	4287
贵　州	2842	34	210	2598
云　南	3035	35	275	2725
西　藏	131	1	24	106
陕　西	2953	35	340	2578
甘　肃	1765	9	215	1541
青　海	325	1	21	303
宁　夏	595	5	24	566
新　疆	2471	37	216	2218

1-5　各地区按登记注册类型分的房地产开发企业从业人数

单位：人

地　区	总　计	内　资					
			国　有	集　体	股份合作	国有联营	集体联营
全国总计	**2801571**	**2657629**	**35442**	**4085**	**1868**	**455**	**1**
北　京	45044	40104	74	80	137		
天　津	30594	26916	1233	28			
河　北	111693	109225	501				
山　西	57422	57082	681	248			
内 蒙 古	31973	31891	58				
辽　宁	48013	42517	385	1			
吉　林	30137	29559	189				
黑 龙 江	24341	23901	163	9	24		
上　海	56792	43264	1613	220	21	23	
江　苏	175544	156668	3043	170	209	196	
浙　江	122351	115100	259	70	27		
安　徽	113895	111402	553	6	18		
福　建	100999	91267	1299	47	145		
江　西	97573	95149	1072	27	51	23	
山　东	201975	192313	3460	687	148	31	
河　南	244968	242557	1040	12	18	25	
湖　北	124649	120392	3031	167	206	66	1
湖　南	147961	143572	1238	42	111		
广　东	257019	224972	4728	1693	437	1	
广　西	89965	86724	481	72	28		
海　南	36164	33557	1402	94		39	
重　庆	97070	92608	749		5	16	
四　川	163765	160455	1180	85	176		
贵　州	101141	100313	446	44			
云　南	104242	101646	1497	41	18		
西　藏	2876	2876	93				
陕　西	74569	73441	3435	168	79	35	
甘　肃	42889	42719	1235	71			
青　海	8353	8331	102		10		
宁　夏	13995	13692	3				
新　疆	43599	43416	199	3			

1-5 续表 1

单位：人

地区	内资						
	国有与集体联营	其他联营	国有独资公司	其他有限责任公司	股份有限公司	私营独资	私营合伙
全国总计	**81**	**187**	**104332**	**1027753**	**38894**	**10537**	**1130**
北京			1602	34125	1416		
天津			1924	14205	834	239	
河北			1301	35285	767	45	
山西			2096	17288	19	7	
内蒙古			1433	9297	58		
辽宁			1435	14010	586	907	70
吉林			975	9001	467	42	21
黑龙江			1636	10224	367	185	
上海			5028	20907	1084	42	
江苏	1	16	6998	40430	3645	1992	156
浙江			4324	46992	1216	174	3
安徽		53	4133	63035	369	165	96
福建			6483	24816	138	20	20
江西	14	43	2144	32621	1521	546	42
山东		5	7769	79636	3743	449	85
河南			3310	90651	2398	731	
湖北			4288	48516	2475	522	105
湖南			5413	42963	2384	412	221
广东		70	6189	101630	6579	1791	98
广西			4017	33408	161	15	
海南			1172	22222	736	100	
重庆	66		4941	20548	2112	470	
四川			8788	74369	2217	349	35
贵州			3995	37367	275	110	
云南			3235	39225	2134	230	118
西藏			506	788	15	33	
陕西			3834	28218	493	305	10
甘肃			1637	15245	431	389	50
青海			345	2778	35	54	
宁夏			1669	4040	13	32	
新疆			1712	13913	206	181	

1-5 续表 2

单位: 人

地区	内资			港澳台商投资			
	私营有限责任公司	私营股份有限公司	其他内资企业		合资经营	合作经营	独资
全国总计	**1417092**	**14878**	**894**	**92414**	**36405**	**4624**	**48142**
北京	2378	292		2721	335	441	1917
天津	8385	37	31	2444	1074	178	1192
河北	71259	67		685	209		424
山西	36647	96		108	35	10	63
内蒙古	20954	91					
辽宁	24804	251	68	3794	1558	74	2141
吉林	18658	181	25	274	90	37	147
黑龙江	11081	182	30	324	95		229
上海	14004	322		10505	4788	752	4665
江苏	98419	936	457	14025	7604	277	5317
浙江	61610	425		3635	1698	8	1849
安徽	42206	768		1530	717		813
福建	58243	56		5682	2523	109	2714
江西	56221	824		2048	1012		999
山东	94724	1531	45	7300	4201	115	2512
河南	143842	530		1431	154	131	1146
湖北	60336	664	15	2292	885	31	1225
湖南	89465	1286	37	2542	503	24	2015
广东	100852	882	22	19736	5212	2137	11945
广西	48479	63		1667	529	52	1086
海南	7490	302		1362	252	6	738
重庆	62585	1116		3097	814	129	2032
四川	72266	929	61	1817	518	113	1186
贵州	57721	355		632	179		453
云南	53358	1790		1993	881		1104
西藏	1418	23					
陕西	36638	147	79	273	128		144
甘肃	23306	355		135	135		
青海	4908	99					
宁夏	7829	106		179	164		15
新疆	27006	172	24	183	112		71

1-5 续表 3

单位：人

地 区	港澳台商投资		外商投资					
	股份有限	其 他		合资经营	合作经营	独 资	股份有限	其 他
全国总计	**2187**	**1056**	**51528**	**17066**	**2582**	**29399**	**581**	**1900**
北 京		28	2219	690	1003	526		
天 津			1234	167		923	116	28
河 北	40	12	1783	99	15	1669		
山 西			232	32		200		
内蒙古			82			82		
辽 宁	21		1702	880		822		
吉 林			304	45		244		15
黑龙江			116	45		71		
上 海	281	19	3023	1074	258	1571	11	109
江 苏	550	277	4851	2175	181	2374	57	64
浙 江	33	47	3616	1348		2268		
安 徽			963	147		816		
福 建	286	50	4050	680		3340	30	
江 西	7	30	376	135		170		71
山 东	243	229	2362	1529	32	670	49	82
河 南			980	296	8	644	32	
湖 北	144	7	1965	726		1139		100
湖 南			1847	665	51	1023	10	98
广 东	174	268	12311	3919	821	7262	101	208
广 西			1574	677		897		
海 南	361	5	1245	102	14	66		1063
重 庆	46	76	1365	511	27	652	175	
四 川			1493	305	15	1173		
贵 州			196	127	27	42		
云 南		8	603	231		372		
西 藏								
陕 西	1		855	412	130	262		51
甘 肃			35	18		17		
青 海			22	22				
宁 夏			124	9		104		11
新 疆								

1-6　各地区按资质等级分的房地产开发企业从业人数

单位：人

地　区	总　计	一　级	二　级	三　级	四　级	暂　定	其　他
全国总计	**2801571**	**117088**	**353954**	**420243**	**355840**	**1305732**	**248714**
北　京	45044	6563	5235	2666	21078	8066	1436
天　津	30594	1409	2371	2787	16986	4382	2659
河　北	111693	8499	12047	15061	29071	43204	3811
山　西	57422	1608	6668	5126	22677	20925	418
内蒙古	31973	1334	3192	4918	14593	5551	2385
辽　宁	48013	1323	4390	9987	428	23151	8734
吉　林	30137	1502	4218	3687	3627	16405	698
黑龙江	24341	313	4440	10100	861	6354	2273
上　海	56792	4117	5645	4817	23	34349	7841
江　苏	175544	6332	44085	5512	191	99155	20269
浙　江	122351	5787	6923	14944	7048	58717	28932
安　徽	113895	4137	9808	16196	4349	69578	9827
福　建	100999	3950	10032	19809	8964	51981	6263
江　西	97573	1177	5536	9512	7578	63030	10740
山　东	201975	12480	22457	24925	25303	98687	18123
河　南	244968	8269	23783	21068	10726	146174	34948
湖　北	124649	5840	15442	12752	14305	66715	9595
湖　南	147961	4358	10291	35088	33028	59490	5706
广　东	257019	11770	12035	36969	46358	115381	34506
广　西	89965	2191	5739	12898	5662	61486	1989
海　南	36164	424	2145	4943	3767	21305	3580
重　庆	97070	8049	33834	13244	630	38543	2770
四　川	163765	5104	43626	83785	746	25060	5444
贵　州	101141	1007	15003	12966	8725	60281	3159
云　南	104242	3104	12295	7495	29077	42969	9302
西　藏	2876	28	634	567	518	1053	76
陕　西	74569	2615	14683	11533	16724	18925	10089
甘　肃	42889	1221	5580	8386	11815	15446	441
青　海	8353	173	2357	1440	1116	2677	590
宁　夏	13995	737	4395	2607	2278	3564	414
新　疆	43599	1667	5065	4455	7588	23128	1696

1-7 各地区按隶属关系分的房地产开发企业从业人数

单位：人

地 区	合 计	中央属	地方属	其 他
全国总计	**2801571**	**47703**	**275802**	**2478066**
北 京	45044	3057	15052	26935
天 津	30594	2032	6586	21976
河 北	111693	697	8323	102673
山 西	57422	803	5491	51128
内蒙古	31973	344	2784	28845
辽 宁	48013	947	2503	44563
吉 林	30137	175	2375	27587
黑龙江	24341	736	4978	18627
上 海	56792	2063	14292	40437
江 苏	175544	2560	8289	164695
浙 江	122351	1232	5264	115855
安 徽	113895	1430	10587	101878
福 建	100999	445	12516	88038
江 西	97573	661	8084	88828
山 东	201975	2354	29971	169650
河 南	244968	1194	13653	230121
湖 北	124649	4271	13199	107179
湖 南	147961	2210	12429	133322
广 东	257019	6803	21298	228918
广 西	89965	728	7741	81496
海 南	36164	1709	5684	28771
重 庆	97070	2012	7954	87104
四 川	163765	2338	16379	145048
贵 州	101141	1675	7309	92157
云 南	104242	1427	9728	93087
西 藏	2876		765	2111
陕 西	74569	1406	10477	62686
甘 肃	42889	241	6064	36584
青 海	8353	66	616	7671
宁 夏	13995	1146	876	11973
新 疆	43599	941	4535	38123

第二章

房地产开发投资及企业到位资金情况

2-1　各地区房地产开发企业投资规模与完成情况

单位：万元

地　　区	计划总投资	自开始建设累计完成投资	本年完成投资
全国总计	**10334310018**	**6647245539**	**1476020767**
北　京	296806347	234203187	41390288
天　津	252540428	167765040	27699822
河　北	304604627	165417462	50238728
山　西	168646392	90418247	19452324
内蒙古	99387612	59578092	12341346
辽　宁	247462998	172664001	29007225
吉　林	105162927	63537678	15409158
黑龙江	75638030	48925950	9359670
上　海	405750509	258776199	50351841
江　苏	1007529626	588594067	134774492
浙　江	739730242	448038427	123891116
安　徽	465407730	318904279	72632161
福　建	344270144	279894201	61956115
江　西	217748659	115733086	25288310
山　东	691799013	392033957	98197496
河　南	542592931	318112869	78743455
湖　北	441081418	248459275	61219312
湖　南	357747881	222311804	54278261
广　东	1303205764	930045573	174658494
广　西	291059665	197139674	37339329
海　南	138483280	105551891	13796233
重　庆	326264409	270692648	43549551
四　川	437134147	268890045	78318788
贵　州	235843634	147606866	33830564
云　南	262271945	185570107	43099270
西　藏	6963980	5324678	1419695
陕　西	304774842	190110970	44410032
甘　肃	92826882	50703133	15258826
青　海	28332378	18754583	4425123
宁　夏	39577160	25325936	4669478
新　疆	103664418	58161614	15014264

2-2 各地区按登记注册类型分的房地产开发企业计划总投资

单位：万元

地 区	总 计	内 资	国 有	集 体	股份合作	国有联营	集体联营
全国总计	**10334310018**	**9617865335**	**189282397**	**10987790**	**6439301**	**3206252**	**156481**
北 京	296806347	281172947	327350	198795	150073		
天 津	252540428	234191561	9468110	49600			
河 北	304604627	297776452	1102773				
山 西	168646392	166802374	1645387	29907			
内蒙古	99387612	99153112	95952				
辽 宁	247462998	208819841	2665044				
吉 林	105162927	101079283	1613327				
黑龙江	75638030	73565122	455128		141946		
上 海	405750509	351382740	20938843	605195		173700	
江 苏	1007529626	891111839	32412633	491719	1732703	1946744	
浙 江	739730242	699389916	1654368	38230	23000		
安 徽	465407730	452622296	1047346		16500		
福 建	344270144	308065267	679155	20418	240393		
江 西	217748659	207329111	2929395	29208	140000	33000	
山 东	691799013	651307214	16442430	3302182	946179	92168	
河 南	542592931	535439540	2283010		15000		
湖 北	441081418	414413975	16259295	134500	1362994	509916	156481
湖 南	357747881	341415876	2433106	4500	110000		
广 东	1303205764	1146844204	38426884	5237319	758884	271089	
广 西	291059665	272482570	144467	67000	21500		
海 南	138483280	128896673	3788570	62000		133835	
重 庆	326264409	285952969	4251055			25800	
四 川	437134147	422411569	8227771	248760	514129		
贵 州	235843634	230699532	839961	61762			
云 南	262271945	251404546	2795884		51934		
西 藏	6963980	6963980	156578				
陕 西	304774842	295492835	11541362	216219	210266	20000	
甘 肃	92826882	92548434	3661987	189672			
青 海	28332378	28332378	266888		3800		
宁 夏	39577160	37867267	59249				
新 疆	103664418	102929912	669089	804			

2-2 续表 1

单位：万元

地　区	内资						
	国有与集体联营	其他联营	国有独资公司	其他有限责任公司	股份有限公司	私营独资	私营合伙
全国总计	**1594628**	**761774**	**461520203**	**5041535621**	**132804793**	**44514025**	**5219958**
北　京			16945996	256175788	2708407		
天　津			18617209	133787500	7362739	1771395	
河　北			3967358	151864209	1797552	87609	
山　西			8406267	94589009			
内蒙古			3807170	40215935	65896		
辽　宁			3573169	96215963	3885246	5609564	231590
吉　林			2890274	45886860	3073304	894485	16276
黑龙江			2080328	46234678	1273392	361309	
上　海			37648813	202703731	4473670	176000	
江　苏	1425913	128177	42224589	324046037	20838261	8051032	1214997
浙　江			30618672	332574315	2347310	1983648	176450
安　徽		98000	26222222	313839115	2233816	615984	520549
福　建			20363637	115204912	418000	270699	95350
江　西	48715	123000	4737518	97752923	2275470	793040	100352
山　东			33927171	338475301	9166704	1651250	231800
河　南			12276282	323553290	6191299	886268	
湖　北			16916064	220709873	11188918	1407009	760459
湖　南			11415772	150277260	6933580	709319	309375
广　东		412597	37399205	641274600	24775017	12842200	646004
广　西			17881724	155901444	581278	29560	
海　南			5299110	90218706	2042406	394280	
重　庆	120000		21435003	87911375	6809397	1009155	
四　川			32281726	246791090	4790703	855425	65500
贵　州			12949278	128702655	737103	468253	
云　南			7891315	145937633	3144014	184980	698500
西　藏			3236637	1978163	21000	3255	
陕　西			11989731	153833503	1622941	1370515	36000
甘　肃			6242556	38045125	1238561	1428734	112916
青　海			752450	14418182	104100	197000	3840
宁　夏			2606887	13558675	49200	77100	
新　疆			4916070	38857771	655509	384957	

2-2 续表 2 单位：万元

地区	内资			港澳台商投资			
	私营有限责任公司	私营股份有限公司	其他内资企业		合资经营	合作经营	独资
全国总计	**3665472458**	**50162537**	**4207117**	**472246150**	**184421753**	**24774337**	**242101338**
北京	4666538			7167995	2331419	2243638	1135868
天津	62336359	412000	386649	14250036	5539371	525336	8185329
河北	138933613	23338		2080433	751936		1199229
山西	61810938	320866		1362735	918207		444528
内蒙古	54801633	166526					
辽宁	94230596	1559169	849500	25649420	8333953	140000	17065467
吉林	46204623	400134	100000	3182224	80250	1995403	1106571
黑龙江	22635584	180155	202602	1833393	525818		1307575
上海	78929682	5733106		39598876	18873539	579504	18888813
江苏	449689869	6305161	604004	85784970	50112590	1452489	28875186
浙江	328137773	1836150		24775913	11693435	58047	12717446
安徽	103377603	4651161		9963057	2647193		7315864
福建	170548053	224650		20783329	12639444	49800	7344085
江西	96372837	1993653		8095048	3072502		4017546
山东	243565655	3162374	344000	31238301	17075206	825096	11237565
河南	189690310	544081		3390957	767400	114000	2509557
湖北	140617972	4094494	296000	12729702	4464306		7460196
湖南	166682052	2210912	330000	11716496	2609228	600000	8507268
广东	379924556	4665849	210000	92483852	24534431	9833655	54527127
广西	97435153	420444		10891107	2859074	1330000	6702033
海南	25999531	958235		8849136	1458220	165666	4654968
重庆	162567774	1823410		32125477	5796125	4713918	20388876
四川	126525747	1970718	140000	7871525	2652406	147785	5071334
贵州	86241325	699195		4920400	54000		4866400
云南	87150859	3549427		6673781	2595047		4078734
西藏	1507033	61314					
陕西	113390907	519029	742362	2701515	599600		1804354
甘肃	40817106	811777		210000	210000		
青海	12411471	174647					
宁夏	21029670	486486		1181966	1047053		134913
新疆	57239636	204076	2000	734506	180000		554506

2-2　续表 3

单位：万元

地　区	港澳台商投资		外商投资					
	股份有限	其　他		合资经营	合作经营	独　资	股份有限	其　他
全国总计	**9919134**	**11029588**	**244198533**	**102016941**	**11716201**	**121877073**	**2484737**	**6103581**
北　京		1457070	8465405	3275800	1166309	4023296		
天　津			4098831	684829		2255224	1028778	130000
河　北	38000	91268	4747742	590701	150944	4006097		
山　西			481283			481283		
内蒙古			234500			234500		
辽　宁	110000		12993737	5066418		7927319		
吉　林			901420	314700		586720		
黑龙江			239515	154515		85000		
上　海	751033	505987	14768893	5618971	2636532	5915473	31796	566121
江　苏	1984991	3359714	30632817	16861606	1199200	11894510	219947	457554
浙　江	234822	72163	15564413	8130452		7433961		
安　徽			2822377	358541		2463836		
福　建	50000	700000	15421548	5269063		10089685	62800	
江　西	5000	1000000	2324500	483004		1230964		610532
山　东	1547434	553000	9253498	6097412	26610	2467445	154031	508000
河　南			3762434	695000	25000	3042434		
湖　北	805200		13937741	3238684		9783453		915604
湖　南			4615509	2586111	150000	1797258	8000	74140
广　东	551811	3036828	63877708	28620606	4983351	27610216	491085	2172450
广　西			7685988	3917207		3768781		
海　南	2545282	25000	737471	232906	165385	130000		209180
重　庆	998000	228558	8185963	2962258	747894	3987511	488300	
四　川			6851053	2063509	391274	4396270		
贵　州			223702	177000	46702			
云　南			4193618	2086053		2107565		
西　藏								
陕　西	297561		6580492	2336280	27000	3757212		460000
甘　肃			68448	56600		11848		
青　海								
宁　夏			527927	138715		389212		
新　疆								

2-3 各地区按资质等级分的房地产开发企业计划总投资

单位：万元

地区	总计	一级	二级	三级	四级	暂定	其他
全国总计	**10334310018**	**331599869**	**1256084825**	**1105373201**	**1065968102**	**5308764205**	**1266519816**
北京	296806347	11087758	20146596	16951880	127033937	111749741	9836435
天津	252540428	3158897	18687302	12889957	143178007	42760933	31865332
河北	304604627	14043950	27359370	32469636	67418569	152657976	10655126
山西	168646392	4143925	15951967	9303440	63718840	74149114	1379106
内蒙古	99387612	2656496	12027774	14435874	41144130	21123915	7999423
辽宁	247462998	5040040	21322410	40564588	1148635	120838922	58548403
吉林	105162927	2925972	15576783	8498384	7331215	68799511	2031062
黑龙江	75638030	1775882	9207255	28392769	1080228	26768379	8413517
上海	405750509	7301694	27210686	17672491		309532441	44033197
江苏	1007529626	26181227	253510866	13602043	551014	593679046	120005430
浙江	739730242	11935447	28022208	59337996	23715552	382365736	234353303
安徽	465407730	15817478	38500169	60794047	7912096	289947257	52436683
福建	344270144	9419490	43768247	52801776	17508881	194857158	25914592
江西	217748659	2033542	8772298	20743577	13430110	153470067	19299065
山东	691799013	41620591	65076278	65873834	58160748	379702419	81365143
河南	542592931	19040712	50778271	35217352	11565470	355374437	70616689
湖北	441081418	21265935	48911158	22887894	23950504	282687640	41378287
湖南	357747881	16841864	27240014	73555209	68824848	159476216	11809730
广东	1303205764	33194310	55422019	146881680	186355211	615170117	266182427
广西	291059665	12472029	28933888	35425104	12409442	193866317	7952885
海南	138483280	4095607	11874870	15283484	10651463	81384512	15193344
重庆	326264409	23269848	138222593	18790544	163313	138115499	7702612
四川	437134147	16349660	120749821	205860217	914535	68849629	24410285
贵州	235843634	1426080	53703512	21427443	11758100	137354553	10173946
云南	262271945	5400430	28288149	12517519	58462495	125691776	31911576
西藏	6963980	60000	3472453	867641	833638	1632912	97336
陕西	304774842	10615413	42626296	27560137	57805558	103304496	62862942
甘肃	92826882	3105746	9626581	16052971	23234759	39671520	1135305
青海	28332378	556500	6158778	5085200	2803887	12137348	1590665
宁夏	39577160	2301029	11855467	4882184	6762558	12850760	925162
新疆	103664418	2462317	13080746	8746330	16140359	58793858	4440808

2-4 各地区按登记注册类型分的房地产开发企业完成投资

单位：万元

地区	总计	内资					
			国有	集体	股份合作	国有联营	集体联营
全国总计	**1476020767**	**1401699167**	**34576838**	**1441613**	**1414697**	**634981**	**43724**
北京	41390288	40001542	5725	25146	38632		
天津	27699822	26120071	2084854	7736			
河北	50238728	49772462	180719				
山西	19452324	19409152	149651	2306			
内蒙古	12341346	12306917	3084				
辽宁	29007225	26543139	804124				
吉林	15409158	15121707	263070				
黑龙江	9359670	9138321	94530		26745		
上海	50351841	44529799	3329056	96119		64000	
江苏	134774492	119433404	4980255	120604	489945	361211	
浙江	123891116	118725751	176010	3846	1691		
安徽	72632161	71437353	230309		4701		
福建	61956115	57240051	205667	990	228997		
江西	25288310	24238292	351534	3770	12388	1501	
山东	98197496	91536568	2575749	469045	54021	19141	
河南	78743455	78079316	414098		3458		
湖北	61219312	58963480	2339291	34999	163354	102153	43724
湖南	54278261	52866396	244667	100	19771		
广东	174658494	159813367	9016300	473896	228584	58683	
广西	37339329	36299424	16857	13765	1951		
海南	13796233	12972225	756019	15195		12370	
重庆	43549551	40965582	951813			2170	
四川	78318788	76801039	1506653	65214	92792		
贵州	33830564	33734848	113648	10310			
云南	43099270	41762438	753245		36180		
西藏	1419695	1419695	45324				
陕西	44410032	43487563	1957151	63832	10335	13752	
甘肃	15258826	15234345	882253	34740			
青海	4425123	4425123	11980		1152		
宁夏	4669478	4465943	10215				
新疆	15014264	14853854	122987				

2-4 续表 1 单位：万元

地区	内资						
	国有与集体联营	其他联营	国有独资公司	其他有限责任公司	股份有限公司	私营独资	私营合伙
全国总计	**382654**	**99982**	**66714444**	**721717714**	**14449552**	**10002507**	**896654**
北京			1939902	37530536	169082		
天津			1746228	13672125	733695	765612	
河北			667106	23814352	191351	9735	
山西			863070	9303483			
内蒙古			381407	5566342	22454		
辽宁			277641	11110920	432896	1618834	31101
吉林			457865	6556677	138933	127938	5040
黑龙江			302216	5224796	192314	127005	
上海			5907514	24691999	271823	66473	
江苏	338428	13759	5070406	41470418	2354630	1355134	161384
浙江			5342115	61950009	371511	388764	53380
安徽		37585	4580746	49583430	148363	176477	119099
福建			3739744	20618944	2421	15446	900
江西	11865	26819	648697	10221532	296927	131374	15647
山东			4946621	50094665	1166153	332590	53973
河南			1569394	46904948	870213	191608	
湖北			2171497	31282830	859907	288798	49569
湖南			2077915	23185847	474519	175888	72552
广东		21819	4225876	87098793	3240156	2729449	91987
广西			3103044	21275201	55145		
海南			593003	8631228	166336	25451	
重庆	32361		3337615	10065099	637958	365012	
四川			4664850	45256579	480123	217362	20804
贵州			2515717	16675609	305751	41592	
云南			1314599	22165010	324615	81919	178759
西藏			554008	426349	18000	2047	
陕西			1903939	22040455	140618	397589	16679
甘肃			894850	5938005	286853	189193	24175
青海			63714	2161416	59669	72509	1605
宁夏			135838	1759652	2020		
新疆			717307	5440465	35116	108708	

2-4　续表 2　　　　单位：万元

地　区	内资			港澳台商投资			
	私营有限责任公司	私营股份有限公司	其他内资企业		合资经营	合作经营	独资
全国总计	**542156327**	**6313613**	**853867**	**48819161**	**21957241**	**1368216**	**22187841**
北　京	292519			741860	207283	54705	32325
天　津	6962104	16100	131617	1224153	651699	34548	537906
河　北	24904710	4489		211795	107658		74551
山　西	9058989	31653		20614	6022		14592
内蒙古	6308396	25234					
辽　宁	12050288	152376	64959	1525785	653180	21542	850803
吉　林	7426657	108027	37500	198544	16220	105628	76696
黑龙江	3072540	19639	78536	212863	90604		122259
上　海	9296996	805819		3989021	1553709	3148	2207957
江　苏	61820113	818388	78729	11584064	7128104	62288	3433901
浙　江	50265343	173082		3064953	1481944	21559	1519154
安　徽	16270339	286304		924923	297017		627906
福　建	32426614	328		2044515	1226393	4684	440409
江　西	12359945	156293		952439	525371		342602
山　东	31401947	385892	36771	5209377	3045296	103295	1667226
河　南	28004610	120987		332370	131798	22729	177843
湖　北	20987337	569237	70784	1366386	533393		666241
湖　南	26234575	297641	82921	981181	335267	23513	622401
广　东	51915594	666983	45247	8413521	1900178	702888	5492202
广　西	11778222	55239		621118	143991	28848	448279
海　南	2621658	150965		735485	109784	23954	413221
重　庆	25291972	281582		2136568	515249	131898	1430901
四　川	24125094	348330	23238	823567	503350	22989	297228
贵　州	13937936	134285		65286	2028		63258
云　南	16523422	384689		733474	496051		237423
西　藏	362042	11925					
陕　西	16672925	66723	203565	354542	51412		284040
甘　肃	6856121	128155		24180	24180		
青　海	2036859	16219					
宁　夏	2485021	73197		166167	148575		17592
新　疆	8405439	23832		160410	71485		88925

2-4 续表 3

单位：万元

地 区	港澳台商投资		外商投资					
	股份有限	其 他		合资经营	合作经营	独 资	股份有限	其 他
全国总计	**1298605**	**2007258**	**25502439**	**10699151**	**1061302**	**12445291**	**309412**	**987283**
北 京		447547	646886	205845	76486	364555		
天 津			355598	23880		140325	124532	66861
河 北	2186	27400	254471	31361	67217	155893		
山 西			22558			22558		
内 蒙 古			34429			34429		
辽 宁	260		938301	510456		427845		
吉 林			88907	32682		56225		
黑 龙 江			8486	5017		3469		
上 海	8105	216102	1833021	843601	194515	612903		182002
江 苏	459937	499834	3757024	2060051	255938	1405720	18612	16703
浙 江	18081	24215	2100412	1186976		913436		
安 徽			269885	65854		204031		
福 建	23039	349990	2671549	1120284		1551265		
江 西		84466	97579	1082		53353		43144
山 东	341337	52223	1451551	887217	12467	479924	20721	51222
河 南			331769	15084		316685		
湖 北	166752		889446	255580		554133		79733
湖 南			430684	185123	33218	199730	3164	9449
广 东	20181	298072	6431606	2375472	313654	3289957	50446	402077
广 西			418787	205538		213249		
海 南	184562	3964	88523	35769	12616	9221		30917
重 庆	55075	3445	447401	139396	10010	206058	91937	
四 川			694182	236893	70152	387137		
贵 州			30430	19971	10459			
云 南			603358	143081		460277		
西 藏								
陕 西	19090		567927	100462	4570	357720		105175
甘 肃			301	301				
青 海								
宁 夏			37368	12175		25193		
新 疆								

2-5 各地区按资质等级分的房地产开发企业完成投资

单位：万元

地　区	总 计	一 级	二 级	三 级	四 级	暂 定	其 他
全国总计	**1476020767**	**35823883**	**144679834**	**132694134**	**118291825**	**840014108**	**204516983**
北　京	41390288	663744	1589970	1767710	10319650	25032232	2016982
天　津	27699822	221142	1331293	955452	13481235	7403005	4307695
河　北	50238728	1854487	4322795	5048664	10277121	26806829	1928832
山　西	19452324	451625	1540240	966084	6794519	9586603	113253
内蒙古	12341346	227244	1227819	1557850	4470501	3515789	1342143
辽　宁	29007225	655125	1865851	3583937	23130	13549186	9329996
吉　林	15409158	247526	1751171	1058661	1071972	10760091	519737
黑龙江	9359670	78924	758689	2747223	225806	4185362	1363666
上　海	50351841	487276	2978654	1391146		40052355	5442410
江　苏	134774492	2726034	28674220	1203838	101430	87210969	14858001
浙　江	123891116	1871596	3919525	8907105	2796972	66703149	39692769
安　徽	72632161	1471052	4960056	5489679	796104	51090730	8824540
福　建	61956115	830795	6154815	4807139	1313770	42838886	6010710
江　西	25288310	202377	1096943	1759399	1174835	18426395	2628361
山　东	98197496	5389138	8792519	7514280	7072313	55173300	14255946
河　南	78743455	2527417	5721858	3666807	1128293	54475056	11224024
湖　北	61219312	1857893	4626213	2959869	4018293	41858046	5898998
湖　南	54278261	1494409	3269452	8529592	9868862	29308482	1807464
广　东	174658494	3377773	4975466	11625620	18714667	92709255	43255713
广　西	37339329	1221742	3098812	3284304	1279675	27268821	1185975
海　南	13796233	286492	805820	1123744	803256	8682695	2094226
重　庆	43549551	2738816	14412147	2557968	41981	22860294	938345
四　川	78318788	1883421	21099715	38945780	278313	11629137	4482422
贵　州	33830564	265395	3206649	2408696	1440553	25296379	1212892
云　南	43099270	575461	2341227	1538001	7420679	23792716	7431186
西　藏	1419695	13945	615734	176964	180650	381580	50822
陕　西	44410032	1063257	4748239	2975835	6810997	17796302	11015402
甘　肃	15258826	468515	1514568	2214053	3155848	7795265	110577
青　海	4425123	62494	683452	358759	515792	2486722	317904
宁　夏	4669478	223538	1221294	405132	571604	2121401	126509
新　疆	15014264	385230	1374628	1164843	2143004	9217076	729483

2-6 各地区按隶属关系分的房地产开发企业完成投资

单位：万元

地　区	合　计	中央属	地方属	其　他
全国总计	**1476020767**	**47209101**	**169938244**	**1258873422**
北　京	41390288	4617355	10221158	26551775
天　津	27699822	2021972	5320433	20357417
河　北	50238728	1013453	4972778	44252497
山　西	19452324	629847	2203951	16618526
内蒙古	12341346	339812	1163426	10838108
辽　宁	29007225	980297	1321909	26705019
吉　林	15409158	272568	1626470	13510120
黑龙江	9359670	512223	1615865	7231582
上　海	50351841	3031522	13483362	33836957
江　苏	134774492	2950127	9586714	122237651
浙　江	123891116	3120715	4588312	116182089
安　徽	72632161	1714238	9330783	61587140
福　建	61956115	450009	6856542	54649564
江　西	25288310	297674	2128614	22862022
山　东	98197496	2282722	16450018	79464756
河　南	78743455	1856244	6942952	69944259
湖　北	61219312	2422135	7598214	51198963
湖　南	54278261	1286561	3837546	49154154
广　东	174658494	7349357	16399509	150909628
广　西	37339329	1113071	5337450	30888808
海　南	13796233	1168827	2597036	10030370
重　庆	43549551	1279292	3458714	38811545
四　川	78318788	1206304	10117977	66994507
贵　州	33830564	1122112	4138642	28569810
云　南	43099270	1993834	4579696	36525740
西　藏	1419695		840513	579182
陕　西	44410032	1591041	7659047	35159944
甘　肃	15258826	176979	3054985	12026862
青　海	4425123	18447	279191	4127485
宁　夏	4669478	74488	272039	4322951
新　疆	15014264	315875	1954398	12743991

2-7　各地区按构成分的房地产开发企业完成投资

单位：万元

地　区	本年完成投　资	建筑工程	安装工程	设备工器具购　置	其他费用	#土地购置费
全国总计	**1476020767**	**889102856**	**53360787**	**13310734**	**520246390**	**435046847**
北　京	41390288	13368550	194094	57704	27769940	22651875
天　津	27699822	10010998	256773	54566	17377485	13574911
河　北	50238728	34828485	1829248	402845	13178150	10583296
山　西	19452324	14535930	1030518	147212	3738664	1949035
内蒙古	12341346	8392062	583966	90448	3274870	2471146
辽　宁	29007225	19596454	855392	263991	8291388	7158029
吉　林	15409158	10001223	534235	174592	4699108	4254429
黑龙江	9359670	6771234	205473	51969	2330994	1669325
上　海	50351841	22326625	478215	163190	27383811	23281315
江　苏	134774492	75615874	4256649	1059999	53841970	46654806
浙　江	123891116	54823697	1397839	488318	67181262	56146958
安　徽	72632161	48566755	2958334	587715	20519357	18727346
福　建	61956115	34169999	1711900	755804	25318412	24053993
江　西	25288310	17079682	1856999	486337	5865292	4948001
山　东	98197496	62163197	5542063	918619	29573617	24755318
河　南	78743455	59596546	916570	480024	17750315	15658413
湖　北	61219312	39742142	3223021	760851	17493298	13705443
湖　南	54278261	39363361	3852183	1318195	9744522	7849176
广　东	174658494	88563425	6249071	1476142	78369856	63565518
广　西	37339329	23907751	1629824	284075	11517679	9632283
海　南	13796233	9241998	630489	85781	3837965	2370889
重　庆	43549551	24572947	3312657	912039	14751908	12209148
四　川	78318788	54289088	4407777	991480	18630443	16643745
贵　州	33830564	25514097	954018	187458	7174991	6148668
云　南	43099270	31994266	856563	181324	10067117	8944685
西　藏	1419695	1034478	107466	28686	249065	228871
陕　西	44410032	28917155	2386671	662832	12443374	8782969
甘　肃	15258826	11886380	611048	79033	2682365	2112825
青　海	4425123	3297823	174073	22565	930662	772529
宁　夏	4669478	3304462	119598	40108	1205310	1063841
新　疆	15014264	11626172	238060	96832	3053200	2478061

2-8 各地区按用途分的房地产开发企业完成投资

单位：万元

地区	本年完成投资	住宅	办公楼	商业营业用房	其他
全国总计	**1476020767**	**1111730000**	**59738974**	**124447642**	**180104151**
北京	41390288	25221781	2896067	2050516	11221924
天津	27699822	21683486	547491	1901837	3567008
河北	50238728	40926770	1074313	3497120	4740525
山西	19452324	15560775	305701	1478167	2107681
内蒙古	12341346	9713557	78503	1082784	1466502
辽宁	29007225	23209954	619351	2794124	2383796
吉林	15409158	10948353	600974	1739053	2120778
黑龙江	9359670	7240481	128586	1126262	864341
上海	50351841	26739467	7676341	5115206	10820827
江苏	134774492	107862082	4108270	9756178	13047962
浙江	123891116	88015099	4573863	8904210	22397944
安徽	72632161	59768239	1580550	6236674	5046698
福建	61956115	45607100	1898059	4489946	9961010
江西	25288310	19949416	870542	2834470	1633882
山东	98197496	76945048	4101338	7160856	9990254
河南	78743455	66960917	1838447	5537009	4407082
湖北	61219312	48592989	2781443	4907135	4937745
湖南	54278261	41646055	1435718	6397842	4798646
广东	174658494	124383097	12682657	13549472	24043268
广西	37339329	29028894	753511	2562009	4994915
海南	13796233	8971287	890987	1662673	2271286
重庆	43549551	32881139	808829	4130713	5728870
四川	78318788	57672541	2809979	8242868	9593400
贵州	33830564	26249420	365819	3698074	3517251
云南	43099270	31751146	1749857	4277392	5320875
西藏	1419695	874620	66999	280069	198007
陕西	44410032	34110311	1861873	3700526	4737322
甘肃	15258826	11591155	275252	1511727	1880692
青海	4425123	3505715	94422	500606	324380
宁夏	4669478	3442424	19591	551160	656303
新疆	15014264	10676682	243641	2770964	1322977

2-9　各地区按控股情况分的房地产开发企业完成投资

单位：万元

地　　区	总　计	国有控股	集体控股	私人控股	港澳台控股	外商控股	其他
全国总计	**1476020767**	**309756089**	**28696510**	**1075050849**	**42400472**	**18460494**	**1656353**
北　　京	41390288	24038201	1773692	13935642	764252	580593	297908
天　　津	27699822	12532283	197214	13384887	1234637	329906	20895
河　　北	50238728	3728163	376960	45679641	189858	264106	
山　　西	19452324	3339893	255381	15819900	14592	22558	
内 蒙 古	12341346	1233795	86471	10986651		34429	
辽　　宁	29007225	3612407	385565	22672587	1443938	886471	6257
吉　　林	15409158	2782167	331758	12091932	114394	88907	
黑 龙 江	9359670	2463693	274874	6389248	228386	3469	
上　　海	50351841	23965613	1619330	19248752	3747541	1345434	425171
江　　苏	134774492	29327903	3093674	92006307	8233153	2098543	14912
浙　　江	123891116	16993156	1755793	100826540	2616662	1538851	160114
安　　徽	72632161	12841792	1250759	57544884	777568	216261	897
福　　建	61956115	11613942	185692	46319357	1787992	2049132	
江　　西	25288310	2830053	220239	21644972	494127	98919	
山　　东	98197496	20167294	3924072	69204934	3981320	842159	77717
河　　南	78743455	8422192	1297380	68432031	275167	316685	
湖　　北	61219312	15983431	1225084	42241732	1111402	657663	
湖　　南	54278261	8432591	789036	43929680	797376	329578	
广　　东	174658494	39809852	4720301	116650336	8394363	4434213	649429
广　　西	37339329	7663259	300299	28164204	906709	304858	
海　　南	13796233	3747398	287761	8982245	698520	80309	
重　　庆	43549551	8369859	459896	32279721	1991638	448437	
四　　川	78318788	15609460	894963	60709740	584319	520306	
贵　　州	33830564	5711127	965258	26987605	129615	36959	
云　　南	43099270	7907889	378409	32989202	1289462	531255	3053
西　　藏	1419695	791453	20614	607628			
陕　　西	44410032	9772572	884652	33063299	314209	375300	
甘　　肃	15258826	3457047	164968	11612631	24180		
青　　海	4425123	370876	261877	3792370			
宁　　夏	4669478	287411	11996	4178711	166167	25193	
新　　疆	15014264	1949317	302542	12673480	88925		

2-10 各地区按投资规模分房地产开发企业完成投资

单位：万元

地　区	500万元以　下	500-1000万元	1000-3000万元	3000-5000万元	5000万-1亿元	1-5亿元	5-10亿元	10亿元及以　上
全国总计	**2335**	**47739**	**935351**	**2265763**	**11224223**	**193652765**	**270733581**	**997159010**
北　京					1591	367200	1043184	39978313
天　津			1166	1345	11338	636464	2409449	24640060
河　北		1400	33042	152582	783204	16913534	14715563	17639403
山　西		650	39200	84080	426331	5139792	4133110	9629161
内蒙古	550	558	62586	143853	553600	3731402	3200099	4648698
辽　宁		271	33166	56794	249859	5693057	6288729	16685349
吉　林		1226	29198	57347	341444	3842697	2739519	8397727
黑龙江	36	1807	39494	122920	401629	2750877	1631365	4411542
上　海			1772	4470	6874	1047948	4337149	44953628
江　苏	100		18897	45627	269727	7542536	17629834	109267771
浙　江		345	19120	40389	306196	8078851	17497728	97948487
安　徽		2352	23031	64478	279855	7937932	19371260	44953253
福　建	539	340	12162	24684	207527	5307706	11870529	44532628
江　西		5	35486	91349	452900	6642507	6697782	11368281
山　东	169	3725	49341	139183	858917	16644896	24199519	56301746
河　南			39038	101217	706689	15397394	22778387	39720730
湖　北		1255	26010	82660	349682	7790767	9818160	43150778
湖　南	349	1645	48064	123471	870067	11313766	12683287	29237612
广　东		3290	50371	96765	724397	11612272	18220211	143951188
广　西		5034	44868	87667	466591	7233321	7618980	21882868
海　南			8394	13102	111703	1694105	2485189	9483740
重　庆		36	7815	14622	138754	3051950	6473291	33863083
四　川		1453	25869	78369	440010	10869063	21755267	45148757
贵　州		1052	11751	34939	206276	7458034	7464079	18654433
云　南		1122	44558	135097	378880	6449049	7249432	28841132
西　藏			4839	18372	29491	395571	499852	471570
陕　西	95	754	17000	66019	351609	5787825	6564615	31622115
甘　肃		1781	33623	72824	278693	3906732	4322395	6642778
青　海		270	3642	12437	52510	708798	1043590	2603876
宁　夏		434	11658	34610	58123	1257466	1066861	2240326
新　疆	497	16934	160190	264491	909756	6449253	2925166	4287977

2-11　各地区按登记注册类型分的房地产开发企业住宅完成投资

单位：万元

地　区	总　计	内　资					
			国　有	集　体	股份合作	国有联营	集体联营
全国总计	**1111730000**	**1060707324**	**24801984**	**988478**	**1110681**	**534761**	**37326**
北　京	25221781	24646025			31485		
天　津	21683486	20773669	1872001				
河　北	40926770	40588560	147372				
山　西	15560775	15528434	128767	2276			
内蒙古	9713557	9687735	2349				
辽　宁	23209954	21325054	674300				
吉　林	10948353	10709558	127773				
黑龙江	7240481	7072097	55177		26690		
上　海	26739467	24866225	1966179	84645		51000	
江　苏	107862082	95836592	3821603	94436	365762	336568	
浙　江	88015099	84992902	66394	1830			
安　徽	59768239	58891816	186137		2597		
福　建	45607100	42062592	140669		228997		
江　西	19949416	19156122	267773	3770	11224	840	
山　东	76945048	71515446	2037133	303954	53945	12593	
河　南	66960917	66421858	376535		1294		
湖　北	48592989	46763506	1640687	23984	40551	70806	37326
湖　南	41646055	40571392	126785	100	9976		
广　东	124383097	114417292	6132488	361177	204978	48414	
广　西	29028894	28318253	14782	3688	1812		
海　南	8971287	8411887	349651			12370	
重　庆	32881139	31022682	728930			2170	
四　川	57672541	56733829	1308196	55995	84855		
贵　州	26249420	26196822	98649	4138			
云　南	31751146	30938843	538204		36180		
西　藏	874620	874620	17685				
陕　西	34110311	33452073	1338549	20544	10335		
甘　肃	11591155	11568858	550249	27941			
青　海	3505715	3505715	11971				
宁　夏	3442424	3289466	6700				
新　疆	10676682	10567401	68296				

2-11 续表 1

单位：万元

地区	内资						
	国有与集体联营	其他联营	国有独资公司	其他有限责任公司	股份有限公司	私营独资	私营合伙
全国总计	**278436**	**80785**	**46775641**	**544587831**	**10908782**	**8089411**	**607680**
北京			1466018	22933124	99755		
天津			1257143	10659385	605840	671271	
河北			584111	19512273	185511	8793	
山西			577760	7306335			
内蒙古			311223	4494348	16281		
辽宁			206209	8939274	330260	1442565	30466
吉林			345031	4588260	89255	72329	5040
黑龙江			260426	3922226	175960	110637	
上海			3036571	13981408	22638	21873	
江苏	266571	9522	3888286	32801758	1917175	1216470	154296
浙江			3449343	44590004	278773	318572	42284
安徽		37585	3768963	41477322	129293	155786	88414
福建			2360989	15732310	2421	10712	900
江西	11865	20124	501719	7882868	173583	101211	14571
山东			3207654	39060017	995405	256038	42987
河南			1370591	40031217	736866	181284	
湖北			1499689	25006295	669178	265117	45882
湖南			1595752	17347451	430492	131592	64041
广东		13554	2652967	63542733	2340947	1910396	19823
广西			2350448	16595990	17153		
海南			358357	5794817	112602	10884	
重庆			2495020	7202224	421396	296204	
四川			3318084	33117000	324916	168491	17615
贵州			1764242	13184665	264517	30587	
云南			918428	16324195	173603	73073	40607
西藏			384582	245321	9572	547	
陕西			1550272	16709249	121186	325243	16579
甘肃			697814	4539080	188661	156029	24175
青海			45231	1718265	49632	62225	
宁夏			91302	1311489	1320		
新疆			461416	4036928	24591	91482	

2-11　续表 2　　　　单位：万元

地　区	内资			港澳台商投　资			
	私营有限责任公司	私营股份有限公司	其他内资企　业		合资经营	合作经营	独　资
全国总计	**416683312**	**4495752**	**726464**	**31927657**	**15077279**	**1088810**	**13486372**
北　京	115643			115601	65698	36839	13064
天　津	5593933	15000	99096	642050	274521	12806	354723
河　北	20146331	4169		160053	66494		64624
山　西	7485849	27447		13096	3830		9266
内蒙古	4841094	22440					
辽　宁	9510162	128259	63559	1164690	571591	11628	581282
吉　林	5386850	77114	17906	169094	16220	105628	47246
黑龙江	2438298	4147	78536	160548	70480		90068
上　海	5294590	407321		1165272	469658	3148	472869
江　苏	50286068	619479	58598	8911538	5469280	58969	2619462
浙　江	36131826	113876		1547059	913016		598937
安　徽	12861971	183748		660113	200734		459379
福　建	23585594			1398263	964217	4447	271860
江　西	10043160	123414		702385	302738		317712
山　东	25242075	283262	20383	4174023	2459187	99078	1268757
河　南	23626026	98045		214847	68124	7670	139053
湖　北	17006894	386313	70784	1099347	458373		492070
湖　南	20524639	257643	82921	740518	277117	23513	439888
广　东	36725255	419313	45247	5102698	1021985	625792	3189048
广　西	9316406	17974		396275	130444		265831
海　南	1645851	127355		472277	80351	23954	216992
重　庆	19646463	230275		1487387	385903	75338	969976
四　川	18075090	263138	449	364988	249654		115334
贵　州	10737489	112535		44665	2028		42637
云　南	12503352	331201		506565	369284		137281
西　藏	208151	8762					
陕　西	13109856	61275	188985	264436	20050		225446
甘　肃	5278137	106772		21996	21996		
青　海	1615588	2803					
宁　夏	1829499	49156		118592	105704		12888
新　疆	5871172	13516		109281	38602		70679

2-11 续表 3 单位：万元

地区	港澳台商投资		外商投资					
	股份有限	其他		合资经营	合作经营	独资	股份有限	其他
全国总计	**1034410**	**1240786**	**19095019**	**7633189**	**688568**	**9759829**	**270674**	**742759**
北京			460155	72330	55405	332420		
天津			267767	20993		94897	107291	44586
河北	1535	27400	178157	8474	44518	125165		
山西			19245			19245		
内蒙古			25822			25822		
辽宁	189		720210	416274		303936		
吉林			69701	26144		43557		
黑龙江			7836	4796		3040		
上海	6495	213102	707970	46302	79542	469054		113072
江苏	322491	441336	3113952	1671840	238588	1175574	13483	14467
浙江	10891	24215	1475138	874799		600339		
安徽			216310	59319		156991		
福建	23039	134700	2146245	956776		1189469		
江西		81935	90909	1026		47299		42584
山东	296911	50090	1255579	775653	12467	399114	17423	50922
河南			324212	15072		309140		
湖北	148904		730136	203504		446899		79733
湖南			334145	153125		171390	2344	7286
广东		265873	4863107	1625839	165843	2719558	40431	311436
广西			314366	170999		143367		
海南	149940	1040	87123	35769	12616	7821		30917
重庆	55075	1095	371070	116520	6976	157872	89702	
四川			573724	214475	65580	293669		
贵州			7933	900	7033			
云南			305738	93998		211740		
西藏								
陕西	18940		393802	58427		287619		47756
甘肃			301	301				
青海								
宁夏			34366	9534		24832		
新疆								

2-12　各地区按资质等级分的房地产开发企业住宅完成投资

单位：万元

地　区	总　计	一　级	二　级	三　级	四　级	暂　定	其　他
全国总计	**1111730000**	**26469154**	**108757271**	**98920394**	**86460523**	**642640218**	**148482440**
北　京	25221781	368538	1071038	1024128	5405856	15951395	1400826
天　津	21683486	177638	1056877	723346	10570342	5719361	3435922
河　北	40926770	1622036	3657964	3982651	7991324	22096728	1576067
山　西	15560775	356777	1269510	778994	5311283	7738457	105754
内蒙古	9713557	184530	930422	1217452	3506217	2841670	1033266
辽　宁	23209954	528493	1443413	2855257	18154	10916464	7448173
吉　林	10948353	221885	1079067	844892	848679	7610128	343702
黑龙江	7240481	74751	602349	2021433	177586	3324237	1040125
上　海	26739467	283076	1633043	949196		21936056	1938096
江　苏	107862082	2213706	22336466	897461	21451	71446090	10946908
浙　江	88015099	1126339	2739697	6020865	2030791	48579598	27517809
安　徽	59768239	1243988	4155010	4352651	650560	42221795	7144235
福　建	45607100	616353	3850921	3350613	909287	32283526	4596400
江　西	19949416	175168	816194	1390412	891089	14655790	2020763
山　东	76945048	4084604	6678519	5882265	5668118	43698744	10932798
河　南	66960917	2171498	4650772	3053456	994781	46384241	9706169
湖　北	48592989	1653071	3463996	2444830	3341982	32979449	4709661
湖　南	41646055	1227648	2601843	6627372	7460037	22218781	1510374
广　东	124383097	2058066	3593540	7888939	12404406	68829815	29608331
广　西	29028894	998249	2375050	2669012	923141	21113589	949853
海　南	8971287	220534	656153	824261	675670	5397845	1196824
重　庆	32881139	1536693	10616687	1977320	32718	17875671	842050
四　川	57672541	1171347	15751436	28585241	209993	8993342	2961182
贵　州	26249420	206322	2293970	1827845	1102060	19950758	868465
云　南	31751146	375433	1731488	1193975	5257508	17283251	5909491
西　藏	874620	13945	432936	150053	111879	159767	6040
陕　西	34110311	778207	3784571	2319306	5163717	14270118	7794392
甘　肃	11591155	273921	1123451	1651981	2462104	5986618	93080
青　海	3505715	58448	499702	258329	418339	2105141	165756
宁　夏	3442424	168421	929624	301251	405641	1549268	88219
新　疆	10676682	279469	931562	855607	1495810	6522525	591709

2-13 各地区按资质等级分的房地产开发企业90平方米及以下住宅完成投资

单位：万元

地 区	总 计	一 级	二 级	三 级	四 级	暂 定	其 他
全国总计	**205665013**	**5092737**	**21699444**	**17916852**	**16041167**	**114582873**	**30331940**
北 京	10921120	193690	624579	692799	3008847	5620362	780843
天 津	6599789	33148	323610	336028	2796824	1709918	1400261
河 北	8437753	631557	620545	817489	1349849	4688071	330242
山 西	1866706	35996	85290	76346	693682	945602	29790
内蒙古	922061	18772	85682	104341	310264	317455	85547
辽 宁	5969625	152037	424064	674624	9115	2715742	1994043
吉 林	3753304	149906	409375	234219	227244	2588914	143646
黑龙江	2719261	11061	224965	618185	90993	1207289	566768
上 海	10844389	228266	828971	318345		8583453	885354
江 苏	13010688	240790	2912995	321426		8241008	1294469
浙 江	14009596	171177	510586	924638	341289	7338925	4722981
安 徽	6740327	141777	610570	396367	67498	4519160	1004955
福 建	13711831	212059	1377565	830710	178191	9931418	1181888
江 西	1967651	26460	58822	72349	78831	1533080	198109
山 东	6559278	115557	433506	604520	594729	3986625	824341
河 南	12192916	820468	936930	509297	191402	7986469	1748350
湖 北	5956988	146743	638782	378077	359779	3846062	587545
湖 南	2870319	172732	203979	757918	351631	1334954	49105
广 东	33024959	552059	1289824	1873041	2784096	16776619	9749320
广 西	5334416	219184	367630	289495	158213	4216518	83376
海 南	1974304	30618	85495	203936	213038	1238324	202893
重 庆	8502660	201314	2533906	517991	1331	4983352	264766
四 川	13649777	362005	4451722	5558097	65216	2653066	559671
贵 州	3168643	3726	322736	203190	175817	2297752	165422
云 南	5117400	6847	461559	146688	1088266	2904489	509551
西 藏	134460	3050	29341	25028	23235	47766	6040
陕 西	3309088	164072	555029	196411	459550	1082191	851835
甘 肃	1038987	11333	118018	156963	230888	517140	4645
青 海	280286	713	32917	29006	43127	147101	27422
宁 夏	73675	139	36676	4327	1968	22384	8181
新 疆	1002756	35481	103775	45001	146254	601664	70581

2-14　各地区按资质等级分的房地产开发企业144平方米以上住宅完成投资

单位：万元

地区	总计	一级	二级	三级	四级	暂定	其他
全国总计	**173225427**	**4725188**	**19960924**	**16340227**	**14988812**	**93506515**	**23703761**
北京	6867536	26011	98988	152619	1133688	5172005	284225
天津	2262038	7008	47646	98828	1518551	294465	295540
河北	4203747	153854	369673	343356	706343	2434462	196059
山西	2902604	41678	365381	114113	971320	1393856	16256
内蒙古	2199417	25531	286944	405527	791083	506953	183379
辽宁	3738452	60037	236723	516157	202	1733882	1191451
吉林	1094125	3121	80056	74964	53624	856194	26166
黑龙江	618335	1905	83130	258032	16263	207404	51601
上海	3564697	30032	247663	130784		2971189	185029
江苏	18607939	347406	4639541	195658	21	11567181	1858132
浙江	15660604	274955	653644	1163532	444212	8263009	4861252
安徽	5480677	182324	488493	383349	43191	3770497	612823
福建	5683769	43524	480127	369816	129774	3865427	795101
江西	2459011	19525	268825	330231	99038	1490439	250953
山东	18044500	1173054	2006761	1292366	1361889	9746746	2463684
河南	8505205	185400	765093	374184	171065	5459329	1550134
湖北	5632839	358917	528414	250989	326015	3371541	796963
湖南	8784790	207755	701540	1239318	1584782	4803111	248284
广东	15681414	299895	539296	1719265	2089261	8149829	2883868
广西	3342152	120567	612858	277244	77767	2054272	199444
海南	1075281	32306	178670	58456	50625	634134	121090
重庆	3937547	191651	2077156	259296		1382700	26744
四川	8020581	218465	1806052	4423733	22607	991486	558238
贵州	3683668	113034	472714	282233	148604	2578511	88572
云南	8974566	152268	433636	592911	1593977	4365720	1836054
西藏	216818	7395	47942	74158	28816	58507	
陕西	8199107	302606	685249	633984	1018088	3581557	1977623
甘肃	1212058	26856	343297	149638	209589	481548	1130
青海	504528	836	85435	40922	124222	200300	52813
宁夏	599346	35490	148060	33134	49398	307800	25464
新疆	1468076	81782	181917	101430	224797	812461	65689

2-15 各地区按登记注册类型分的房地产开发企业办公楼完成投资

单位：万元

地区	总计	内资					
			国有	集体	股份合作	国有联营	集体联营
全国总计	**59738974**	**53476453**	**2198568**	**94122**	**63019**	**2877**	
北京	2896067	2524840		22484			
天津	547491	384740	5896				
河北	1074313	1049100	63				
山西	305701	305001	32				
内蒙古	78503	78503					
辽宁	619351	511666	19185				
吉林	600974	591777	41612				
黑龙江	128586	128586	11701				
上海	7676341	6090410	584127				
江苏	4108270	3522510	156465	285		2877	
浙江	4573863	4085899	80054				
安徽	1580550	1508184	1183				
福建	1898059	1834186	1010				
江西	870542	767532	21699				
山东	4101338	3753928	45640	15518			
河南	1838447	1761296	13230		1220		
湖北	2781443	2534965	186830	10	61799		
湖南	1435718	1390163	20528				
广东	12682657	11240273	827262	38010			
广西	753511	699694					
海南	890987	734602	62362	7744			
重庆	808829	715833	7540				
四川	2809979	2733025	23800				
贵州	365819	360614	281	1039			
云南	1749857	1669614	50119				
西藏	66999	66999	17917				
陕西	1861873	1799607	1728	9032			
甘肃	275252	275252	7790				
青海	94422	94422					
宁夏	19591	19591					
新疆	243641	243641	10514				

2-15 续表 1

单位：万元

地 区	内资						
	国有与集体联营	其他联营	国有独资公司	其他有限责任公司	股份有限公司	私营独资	私营合伙
全国总计		**9503**	**4171861**	**30069529**	**872565**	**191736**	**71879**
北 京			72460	2392187	1772		
天 津			55320	247972			
河 北			298	397677	2465		
山 西			16668	199198			
内蒙古			5840	17363	49		
辽 宁			10081	182701	14603	33393	
吉 林			33308	389152	28700		
黑龙江				80558	1821	2000	
上 海			793372	3527450	49931	26738	
江 苏		1238	152117	1563248	67503	2562	
浙 江			191074	2146091	9133	2276	2875
安 徽			62842	1147709	7635	950	
福 建			300658	502965		888	
江 西			6891	495746	28004	800	
山 东			719053	1913138	1863	140	
河 南			1089	1300785	46027	263	
湖 北			176804	1331122	110949	1070	1639
湖 南			111692	797818	5	82	146
广 东		8265	670005	5828318	386893	108734	32397
广 西			72827	476640	4984		
海 南			60454	408291	10836		
重 庆			165783	262201	15002	780	
四 川			232029	1710629	27099	375	
贵 州			81462	171454	823		
云 南			129389	1032875	40860		33752
西 藏			4050	23453			
陕 西			9303	1221380	4715	10585	
甘 肃			1750	131634	9228	100	
青 海			4596	61799	382		1070
宁 夏			237	10242			
新 疆			30409	97733	1283		

2-15 续表 2

单位：万元

地区	内资			港澳台商投资			
	私营有限责任公司	私营股份有限公司	其他内资企业		合资经营	合作经营	独资
全国总计	**15401397**	**320348**	**9049**	**4928545**	**1699059**	**95079**	**2770224**
北京	35937			324069	96606	3692	
天津	75552			147274	114072	21697	11505
河北	648597			8404	8404		
山西	89103			700	700		
内蒙古	55251						
辽宁	251703			77648	327		77321
吉林	98382	623		5697			5697
黑龙江	32506						
上海	949747	159045		1141237	324052		817185
江苏	1515068	54330	6817	495412	261175		169884
浙江	1643597	10799		334471	108129	13217	213125
安徽	287364	501		70124	38899		31225
福建	1028444	221		53105	29591		23514
江西	213494	898		103010	102044		370
山东	1036629	21947		326136	157764	1007	167365
河南	398604	78		76889	62023	14866	
湖北	654018	10724		185182	43236		125098
湖南	449834	10058		39150	1220		37930
广东	3332087	8302		1144621	314775	9611	798058
广西	130864	14379		40305	907		39398
海南	184915			156385	7890		112057
重庆	264526	1		80612	326	30989	49297
四川	716497	22596		62463	19619		42844
贵州	105130	425		3285			3285
云南	379890	2729		21420	2318		19102
西藏	21579						
陕西	540032	600	2232	30946	4982		25964
甘肃	123248	1502					
青海	26575						
宁夏	9112						
新疆	103112	590					

2-15　续表 3　　　　　　　　　　　　　　　　　　　　　　　　单位：万元

地　区	港澳台商投资		外商投资					
	股份有限	其　他		合资经营	合作经营	独　资	股份有限	其　他
全国总计	**98663**	**265520**	**1333976**	**790043**	**39847**	**466815**	**2953**	**34318**
北　京		223771	47158	42251	4907			
天　津			15477			13050	2427	
河　北			16809	16809				
山　西								
内蒙古								
辽　宁			30037	28880		1157		
吉　林			3500			3500		
黑龙江								
上　海			444694	382840	33391	20437		8026
江　苏	30514	33839	90348	28187	1013	59954		1194
浙　江			153493	76318		77175		
安　徽			2242			2242		
福　建			10768	9766		1002		
江　西		596						
山　东			21274	8948		12326		
河　南			262			262		
湖　北	16848		61296	22898		38398		
湖　南			6405	6405				
广　东	16889	5288	297763	128908	536	142906	315	25098
广　西			13512	1500		12012		
海　南	34412	2026						
重　庆			12384	7444		4729	211	
四　川			14491	2021		12470		
贵　州			1920	1920				
云　南			58823	4183		54640		
西　藏								
陕　西			31320	20765		10555		
甘　肃								
青　海								
宁　夏								
新　疆								

2-16 各地区按资质等级分的房地产开发企业办公楼完成投资

单位：万元

地区	总计	一级	二级	三级	四级	暂定	其他
全国总计	**59738974**	**1609794**	**4985759**	**4856369**	**5448971**	**31183144**	**11654937**
北京	2896067	18986	92865	110024	1030839	1513939	129414
天津	547491	2311	17094	11768	357533	73316	85469
河北	1074313	13710	65877	164160	198264	552757	79545
山西	305701	28706	6441	8465	115770	146319	
内蒙古	78503	26	6148	3251	22813	28372	17893
辽宁	619351	621	8907	81970	200	364991	162662
吉林	600974	1231	203785	13806	7787	374365	
黑龙江	128586		944	72259	1213	44511	9659
上海	7676341	73511	334181	51077		5602036	1615536
江苏	4108270	72352	961803	17394		2318216	738505
浙江	4573863	48079	152093	443766	63371	2414768	1451786
安徽	1580550	48745	84050	210512	2878	971289	263076
福建	1898059	9936	483107	278374	154670	859642	112330
江西	870542		15659	64642	36929	707433	45879
山东	4101338	246280	327757	348031	225052	2296375	657843
河南	1838447	56695	178662	111892	10682	1236063	244453
湖北	2781443	52009	327425	57087	8079	2220388	116455
湖南	1435718	22572	57958	195741	384620	770493	4334
广东	12682657	500498	203277	911519	2054722	4626585	4386056
广西	753511	3556	32983	55397	23716	636123	1736
海南	890987	73	54967	41517	10069	682582	101779
重庆	808829	174799	286642	34857	780	306772	4979
四川	2809979	152553	746454	1383771	6164	225812	295225
贵州	365819		63043	8606	4955	277859	11356
云南	1749857	36503	76927	12728	384074	1050750	188875
西藏	66999		4196	6107	11443	38699	6554
陕西	1861873	30278	132036	68551	173467	579769	877772
甘肃	275252	15734	32001	38106	87093	100625	1693
青海	94422		12326	30186	3296	6875	41739
宁夏	19591		3037	2176	6213	8135	30
新疆	243641	30	13114	18629	62279	147285	2304

2-17　各地区按登记注册类型分的房地产开发企业商业营业用房完成投资

单位：万元

地　区	总　计	内　资					
			国　有	集　体	股份合作	国有联营	集体联营
全国总计	**124447642**	**116360345**	**2399320**	**136220**	**66644**	**56328**	**1970**
北　京	2050516	1871783		2335	1131		
天　津	1901837	1698347	62389	7736			
河　北	3497120	3443219	3936				
山　西	1478167	1470618	4515	30			
内蒙古	1082784	1075872	260				
辽　宁	2794124	2499035	42319				
吉　林	1739053	1716421	53938				
黑龙江	1126262	1092249	7582		55		
上　海	5115206	3837960	186968	1275			
江　苏	9756178	8509625	314250	2311	12619	6473	
浙　江	8904210	8185093	18959	873	1599		
安　徽	6236674	6063973	32619		850		
福　建	4489946	4003080	20361				
江　西	2834470	2746582	18726			661	
山　东	7160856	6786412	166010	28904		2303	
河　南	5537009	5522244	21695		694		
湖　北	4907135	4839603	228135	4566	40581	31347	1970
湖　南	6397842	6217426	73012				
广　东	13549472	12171089	637304	38058	5736	1792	
广　西	2562009	2420120	532		121		
海　南	1662673	1603483	51449	4367			
重　庆	4130713	3792034	101950				
四　川	8242868	7903360	69737	8253	2106		
贵　州	3698074	3672425	7353	915			
云　南	4277392	4001613	54872				
西　藏	280069	280069	4498				
陕　西	3700526	3640391	60980	33840		13752	
甘　肃	1511727	1509989	134044	2757			
青　海	500606	500606	9		1152		
宁　夏	551160	526430	1700				
新　疆	2770964	2759194	19218				

2-17 续表 1

单位：万元

地区	内资						
	国有与集体联营	其他联营	国有独资公司	其他有限责任公司	股份有限公司	私营独资	私营合伙
全国总计	**75727**	**3028**	**4549436**	**55991184**	**1333475**	**729025**	**110479**
北京			47765	1792452	10640		
天津			59164	832731	60889	28957	
河北			12156	1773739	2021		
山西			43333	675474			
内蒙古			25380	396841	390		
辽宁			43641	940953	63012	76630	120
吉林			24436	590763	10671	12612	
黑龙江			13104	667958	7878	9737	
上海			431628	2024000	126748	505	
江苏	43366	1700	458560	2710389	232067	74713	
浙江			222999	4218715	7896	7706	995
安徽			231174	3637969	5165	9122	11952
福建			148935	1269534		339	
江西		1328	46866	1104219	76854	23013	800
山东			352486	3637044	97963	13207	8426
河南			22606	2973843	46156	1602	
湖北			178334	2266172	40992	12100	697
湖南			225199	2639974	25456	32038	6859
广东			331705	6479420	209497	297577	22941
广西			102915	1300488	9523		
海南			17384	1075829	37070	7856	
重庆	32361		237870	1126854	61558	20805	
四川			353632	4697814	47687	26323	613
贵州			353701	1530167	6335	6825	
云南			115580	2011910	88327	7645	56501
西藏			101192	84615	5646	1500	
陕西			146932	1734019	7884	19320	100
甘肃			65058	499617	40788	27802	
青海			4042	239713	709	1782	475
宁夏			33405	182525	450		
新疆			98254	875443	3203	9309	

2-17　续表 2　　　　单位：万元

地　　区	内	资		港澳台商投资			
	私营有限责任公司	私营股份有限公司	其他内资企业		合资经营	合作经营	独　资
全国总计	**50130511**	**712275**	**64723**	**6015200**	**2528815**	**121953**	**3094942**
北　京	17460			110513	7415	613	9296
天　津	625518	1100	19863	170128	125074		45054
河　北	1651367			22597	22263		200
山　西	747182	84		6146	820		5326
内蒙古	652040	961					
辽　宁	1314284	17976	100	178782	50046	9787	118896
吉　林	993911	28590	1500	19677			19677
黑龙江	372141	13794		33780	4962		28818
上　海	1000139	66697		948663	377994		570669
江　苏	4552816	91714	8647	1030633	578391	3319	413285
浙　江	3693874	11477		472728	221149	1161	250372
安　徽	2038355	96767		150421	36297		114124
福　建	2563808	103		337139	116562	237	108605
江　西	1447740	26375		81768	72705		7128
山　东	2455809	20998	3262	286379	102965	1809	170510
河　南	2436482	19166		13352	997	143	12212
湖　北	1966130	68579		36926	2387		33539
湖　南	3208322	6566		116749	41746		75003
广　东	4071128	75931		971713	330477	35266	591585
广　西	1000322	6219		120090	8326	28848	82916
海　南	393799	15729		59190	7491		51679
重　庆	2172843	37793		321273	87616	17781	215716
四　川	2635539	39346	22310	283573	182378	22989	78206
贵　州	1762782	4347		12741			12741
云　南	1640220	26558		150151	103003		47148
西　藏	79455	3163					
陕　西	1612283	2240	9041	42249	21512		20637
甘　肃	732289	7634		1738	1738		
青　海	242675	10049					
宁　夏	305198	3152		24331	22356		1975
新　疆	1744600	9167		11770	2145		9625

2-17 续表 3

单位：万元

地 区	港澳台商投资		外商投资					
	股份有限	其 他		合资经营	合作经营	独 资	股份有限	其 他
全国总计	**37831**	**231659**	**2072097**	**927876**	**110893**	**1011500**	**15703**	**6125**
北 京		93189	68220	52708	3793	11719		
天 津			33362	2425		25564	2868	2505
河 北	134		31304	2256	395	28653		
山 西			1403			1403		
内 蒙 古			6912			6912		
辽 宁	53		116307	28550		87757		
吉 林			2955			2955		
黑 龙 江			233	185		48		
上 海			328583	205487	42193	79986		917
江 苏	22388	13250	215920	139916	15733	57290	2981	
浙 江	46		246389	147809		98580		
安 徽			22280	1460		20820		
福 建		111735	149727	15034		134693		
江 西		1935	6120	8		5552		560
山 东	10798	297	88065	58185		28156	1424	300
河 南			1413	12		1401		
湖 北	1000		30606	20663		9943		
湖 南			63667	12614	33218	15492	500	1843
广 东	3292	11093	406670	173431	9742	215676	7821	
广 西			21799	3933		17866		
海 南	20							
重 庆		160	17406	7256		10041	109	
四 川			55935	7439	3193	45303		
贵 州			12908	10282	2626			
云 南			125628	25451		100177		
西 藏								
陕 西	100		17886	12537		5349		
甘 肃								
青 海								
宁 夏			399	235		164		
新 疆								

2-18　各地区按资质等级分的房地产开发企业商业营业用房完成投资

单位：万元

地　区	总　计	一　级	二　级	三　级	四　级	暂　定	其　他
全国总计	**124447642**	**2737989**	**13154656**	**12586127**	**11343041**	**67671995**	**16953834**
北　京	2050516	15311	98230	32756	838113	1045599	20507
天　津	1901837	18671	66873	51735	994527	480839	289192
河　北	3497120	143028	184179	329278	931199	1803450	105986
山　西	1478167	38469	96834	74654	591276	672310	4624
内蒙古	1082784	26769	161274	131109	395976	231350	136306
辽　宁	2794124	41570	276255	294645	2341	1144660	1034653
吉　林	1739053	4558	196046	105015	99049	1293232	41153
黑龙江	1126262	2620	78621	371493	30594	460565	182369
上　海	5115206	11474	196113	95855		4020586	791178
江　苏	9756178	214377	2311891	132187	133	5747902	1349688
浙　江	8904210	98034	306875	788941	183872	4233091	3293397
安　徽	6236674	68293	272696	457328	77364	4628729	732264
福　建	4489946	38393	384458	451224	99663	3173735	342473
江　西	2834470	23791	181094	194462	176194	1936337	322592
山　东	7160856	456663	725977	632514	524962	3811702	1009038
河　南	5537009	152717	472721	294466	70079	3917600	629426
湖　北	4907135	86569	378182	267548	323250	3314225	537361
湖　南	6397842	147536	343282	980501	1235528	3517302	173693
广　东	13549472	192080	369302	1084250	1981625	6873446	3048769
广　西	2562009	55935	184796	162671	119562	1993788	45257
海　南	1662673	10875	43156	102940	68715	1099187	337800
重　庆	4130713	382920	1700479	220018	6789	1791039	29468
四　川	8242868	281562	2259412	4104184	27200	1099659	470851
贵　州	3698074	12541	469206	310192	156176	2514834	235125
云　南	4277392	78589	205044	137657	888828	2395030	572244
西　藏	280069		102345	11568	36780	99434	29942
陕　西	3700526	32392	436861	303250	656050	1260277	1011696
甘　肃	1511727	51884	182061	252001	257563	755898	12320
青　海	500606	2098	99899	30250	54416	259668	54275
宁　夏	551160	14027	146567	35472	120436	222372	12286
新　疆	2770964	34243	223927	145963	394781	1874149	97901

2-19 各地区按资质等级分的房地产开发企业本年新增固定资产

单位：万元

地区	总计	一级	二级	三级	四级	暂定	其他
全国总计	**500910297**	**24713616**	**69081976**	**66318627**	**56116409**	**240120541**	**44559128**
北京	15483697	672645	802645	175505	5742637	7869915	220350
天津	9880307	30943	714454	545758	6417891	1621538	549723
河北	10722747	540218	1550135	1525402	3527740	3269978	309274
山西	9744044	445605	835224	986864	3685602	3790749	
内蒙古	3263267	24427	125654	430614	1648261	694883	339428
辽宁	11704266	344093	934274	1532702	3915	6026619	2862663
吉林	2867057	555	675425	327761	409390	1388391	65535
黑龙江	3532978	6470	470899	1580803	158689	997314	318803
上海	18819180	991584	2188267	719343		13861123	1058863
江苏	63137404	2525570	18498166	864186	10	34731960	6517512
浙江	41593038	1580156	1326407	6913591	2112712	20348850	9311322
安徽	32395979	1407144	2603608	2925439	596779	21854000	3009009
福建	19389909	514622	2747598	4166092	847109	10434276	680212
江西	8636130	84629	684456	800864	1034331	5265159	766691
山东	47267424	4910536	4049098	5549153	5160305	24063131	3535201
河南	22888149	2827060	2248790	2865446	524959	11907662	2514232
湖北	14000633	404672	794822	1503013	1614027	8691883	992216
湖南	18068743	830337	1685699	5113841	4017258	5938600	483008
广东	53447301	2543091	3283816	8740667	10077391	22853113	5949223
广西	9527642	360936	902382	1253115	331717	6543131	136361
海南	3895961		241333	692073	234140	1737548	990867
重庆	20947070	1805039	9499899	1553729	4551	7607241	476611
四川	20836752	827438	5035617	10263720	40096	3276508	1393373
贵州	4590936	13803	1090336	811377	150184	2456901	68335
云南	11360281	22768	1594903	502764	3044015	5381535	814296
西藏	478968		171402	77323	99040	131203	
陕西	7061718	367979	1394321	909991	1460682	2168151	760594
甘肃	5738217	112355	556790	1349908	2001786	1645859	71519
青海	664872		221709	230715	15827	169621	27000
宁夏	4351234	225964	1358872	740279	538604	1306252	181263
新疆	4614393	292977	794975	666589	616761	2087447	155644

2-20　各地区房地产开发企业实际到位资金情况

单位：万元

地　区	本年实际到位资金合计	上年末结余资金	本年实际到位资金	国内贷款	银行贷款	非银行金融机构贷款
全国总计	**2752370429**	**741048332**	**2011322097**	**232957908**	**199729137**	**33228771**
北　京	109000053	43757689	65242364	9235663	7272811	1962852
天　津	65444834	25317528	40127306	5255188	3597003	1658185
河　北	78280479	17811494	60468985	3633920	3187763	446157
山　西	31128918	5685103	25443815	1130538	980259	150279
内蒙古	20424497	4919428	15505069	581928	399151	182777
辽　宁	49423445	14888517	34534928	2527849	2134125	393724
吉　林	20621867	3704887	16916980	1112881	1068120	44761
黑龙江	12351024	2426623	9924401	786392	742475	43917
上　海	104657999	45414087	59243912	13588782	13106149	482633
江　苏	323114844	77838679	245276165	35068552	31815827	3252725
浙　江	276216749	70771613	205445136	28933293	25447685	3485608
安　徽	126745283	31148888	95596395	8453166	6706203	1746963
福　建	100324496	22845005	77479491	8845205	7032394	1812811
江　西	52133651	13127050	39006601	3335408	2947625	387783
山　东	178747211	46025503	132721708	12371390	10479481	1891909
河　南	103048740	20921970	82126770	5479159	4591544	887615
湖　北	99062408	25937862	73124546	9224249	7906350	1317899
湖　南	88058668	22588890	65469778	6513271	5806750	706521
广　东	404751126	123188959	281562167	43779883	37902426	5877457
广　西	59412610	16094340	43318270	5230564	4274634	955930
海　南	29602523	9862434	19740089	2419813	2210593	209220
重　庆	74733724	17496051	57237673	6399559	4770225	1629334
四　川	127606602	26177439	101429163	9607712	7830990	1776722
贵　州	40012569	11939134	28073435	1063523	859144	204379
云　南	52172831	14677520	37495311	2403943	1804626	599317
西　藏	2133538	389738	1743800	186064	185264	800
陕　西	70104381	16069865	54034516	3374675	2609292	765383
甘　肃	17624729	3780570	13844159	945874	754891	190983
青　海	5484377	965567	4518810	385707	281407	104300
宁　夏	8854773	1511707	7343066	389322	374871	14451
新　疆	21091480	3764192	17327288	694435	649059	45376

2-20 续表

单位：万元

地 区						本年各项应付款合计	
	利用外资	自筹资金	定金及预收款	个人按揭贷款	其他资金来源		#工程款
全国总计	**1073568**	**654276909**	**739456547**	**323881884**	**59675281**	**516950211**	**289266607**
北 京	25700	17155639	31148397	4953464	2723501	6135203	3253794
天 津		12234423	17590747	3460776	1586172	12695892	4800551
河 北		27294105	18648124	9915031	977805	17198399	9492251
山 西	6294	9027019	9701890	4717087	860987	5998298	3556738
内蒙古		6431028	5739730	2371714	380669	5112847	3045792
辽 宁	24244	13292952	12984010	5157660	548213	11034697	6153276
吉 林	1371	8888119	3969304	1955311	989994	5834881	2828655
黑龙江		5520487	2023776	1162131	431615	2969857	1537801
上 海	67835	22328445	18110212	3180991	1967647	10281640	5400031
江 苏	303755	56769643	102544197	43960066	6629952	61908021	34165534
浙 江	74961	54124776	86772955	31139371	4399780	32506752	17805850
安 徽	5695	25262478	36791095	21113836	3970125	26366751	15717790
福 建	65316	31873824	22504915	11735522	2454709	17116348	9444224
江 西	44984	10101670	13630340	11192322	701877	10436534	6615273
山 东	101429	41289759	54517698	20590982	3850450	33130971	20501105
河 南		46327973	19618689	9742008	958941	19577322	10745895
湖 北	137453	23183042	26490341	11385035	2704426	21019462	11939034
湖 南		20964456	21438113	14381618	2172320	20503409	12450755
广 东	151899	91837518	95893493	42316181	7583193	62620889	32092306
广 西	967	13602783	13394843	9159651	1929462	17638041	9338398
海 南	40000	6392242	8393898	1046891	1447245	6598948	3309167
重 庆	195	12594991	24234495	10997410	3011023	19716957	11346757
四 川		31742260	41976920	17487042	615229	27609706	15489924
贵 州		10622113	7875426	7539684	972689	14493534	8537073
云 南	20470	12325385	11909572	8963381	1872560	16039395	10215061
西 藏	1000	1006336	279348	189873	81179	565349	346011
陕 西		26314565	16051341	5915260	2378675	14465547	8333212
甘 肃		6118900	3861801	2791161	126423	8010227	5198274
青 海		1995305	1403033	555705	179060	1515015	824298
宁 夏		1293173	4036506	1498381	125684	1463715	1037798
新 疆		6361500	5921338	3306339	1043676	6385604	3743979

2-21 各地区按登记注册类型分的房地产开发企业本年实际到位资金

单位：万元

地 区	总 计	内 资					
			国 有	集 体	股份合作	国有联营	集体联营
全国总计	**2011322097**	**1892523974**	**49742397**	**1719276**	**1539887**	**1086759**	**42079**
北 京	65242364	62724150	7350	40000	45409		
天 津	40127306	38101010	3076841	7736			
河 北	60468985	59914944	225817				
山 西	25443815	25397531	146374	2300			
内蒙古	15505069	15345374	681				
辽 宁	34534928	31676318	893567	57			
吉 林	16916980	16673811	219544				
黑龙江	9924401	9724050	95904		24368		
上 海	59243912	53711301	3658398	32927		24400	
江 苏	245276165	217585398	10448256	64061	687254	720988	
浙 江	205445136	197667640	142431	6223	1230		
安 徽	95596395	93850432	637652		5000		
福 建	77479491	70693423	210330	990	228997		
江 西	39006601	36907573	370751	25736	5000	11504	
山 东	132721708	122199116	2611832	659644	78106	102684	
河 南	82126770	81291587	269935		13456		
湖 北	73124546	70459127	2889325	46349	88582	55981	42079
湖 南	65469778	62923050	386332	400	13429		
广 东	281562167	253924614	14014524	696518	230892	110848	
广 西	43318270	41912854	27335	13765	5485		
海 南	19740089	18158157	963381	10975		44432	
重 庆	57237673	52726850	1584227		661	2170	
四 川	101429163	98819463	1726072	39400	97433		
贵 州	28073435	27901760	213403				
云 南	37495311	35965832	694094				
西 藏	1743800	1743800	40372				
陕 西	54034516	51976865	3566762	39878	13433	13752	
甘 肃	13844159	13843552	506961	32317			
青 海	4518810	4518810	10216		1152		
宁 夏	7343066	6905714	900				
新 疆	17327288	17279868	102830				

2-21 续表 1

单位：万元

地区	内资						
	国有与集体联营	其他联营	国有独资公司	其他有限责任公司	股份有限公司	私营独资	私营合伙
全国总计	**385075**	**290687**	**80935814**	**989638451**	**23315011**	**14359755**	**1623546**
北京			2569550	58475510	648879		
天津			2496897	20463178	822226	1018327	
河北			613482	29456817	243079	18298	
山西			1251721	12984017			
内蒙古			291848	7643301	22246		
辽宁			365743	13205288	556558	1630097	33641
吉林			402926	7542338	153284	143631	5640
黑龙江			206998	5683823	253730	162361	
上海			5435108	30282937	221072	58772	
江苏	338464	95311	8529333	72953023	4710479	2481349	721992
浙江			6672316	104415370	667248	1077991	21623
安徽		37585	5750738	67072204	636902	164002	152449
福建			5496132	25565784	31020	33763	14600
江西	23611	125311	1062066	16030863	393335	325403	14466
山东			6645745	67780977	1392910	537071	92356
河南			1771293	48241514	881611	246233	
湖北			2133737	38463565	1390435	280866	81064
湖南			2618505	29063167	395493	171203	92610
广东		32480	5580275	144675517	5903508	4370728	270874
广西			2523306	26407105	49810		
海南			737629	12568603	283826	27845	
重庆	23000		4532178	13159299	1427032	420319	
四川			7068710	59372326	1324414	283354	19986
贵州			1303615	13273943	103678	21641	
云南			875649	20017684	315685	63569	86565
西藏			751822	503846	18000	2069	
陕西			2070653	26254212	174608	307558	
甘肃			544859	4990468	177562	289390	14075
青海			54825	2465007	48407	73056	1605
宁夏			132420	3116811	22239		
新疆			445735	7509954	45735	150859	

2-21　续表 2　　　　单位：万元

地　区	内资			港澳台商投　资			
	私营有限责任公司	私营股份有限公司	其他内资企　业		合资经营	合作经营	独　资
全国总计	**718474079**	**8600129**	**771029**	**75502079**	**32364624**	**3395919**	**34474533**
北　京	937452			1159881	408793	306360	387673
天　津	10054441	4644	156720	1505192	821589	63033	620570
河　北	29353595	3856		291135	140922		134057
山　西	10974190	38929		24025	8122		15903
内蒙古	7355475	31823					
辽　宁	14475795	492594	22978	1771785	841120	26624	888568
吉　林	8004239	131209	71000	169642	26877	54044	88721
黑龙江	3219882	20969	56015	190918	45618		145300
上　海	13083011	914676		3066725	1428893	49322	1408516
江　苏	113693290	2105096	36502	20139662	12948493	350277	5202655
浙　江	84348089	315119		3925394	2039395	21599	1509386
安　徽	18960625	433275		1449960	426949		1023011
福　建	39111253	554		3053982	1630907	5250	937549
江　西	18332813	186714		1586887	599373		787169
山　东	41792502	477329	27960	8062286	4876944	170227	2087964
河　南	29747611	119934		455988	102241	17399	336348
湖　北	24432670	462690	91784	1248098	439980		644937
湖　南	29838427	336866	6618	1707922	476633	37719	1193570
广　东	77176817	812396	49237	16288342	2543388	1874108	11384588
广　西	12829941	56107		643562	129639	36793	477130
海　南	3459616	61850		1547249	135415	4146	743480
重　庆	31258640	319324		3621820	981020	242377	2334768
四　川	28492851	365778	29139	1319643	446756	136641	736246
贵　州	12885027	100453		139404	2030		137374
云　南	13569926	342660		1075857	383894		691963
西　藏	411691	16000					
陕　西	19252345	60588	223076	614948	56044		538904
甘　肃	7008814	279106					
青　海	1851686	12856					
宁　夏	3557527	75817		394352	376169		18183
新　疆	9003838	20917		47420	47420		

2-21 续表 3

单位：万元

地 区	港澳台商投资		外商投资					
	股份有限	其 他		合资经营	合作经营	独 资	股份有限	其 他
全国总计	**2704642**	**2562361**	**43296044**	**17978256**	**2269114**	**20598245**	**687301**	**1763128**
北 京		57055	1358333	659372	453360	245601		
天 津			521104	18647		202300	248518	51639
河 北	4406	11750	262906	28236	34261	200409		
山 西			22259			22259		
内 蒙 古			159695			159695		
辽 宁	15473		1086825	579631		507194		
吉 林			73527			73527		
黑 龙 江			9433	8567		866		
上 海	14009	165985	2465886	776023	854383	803729		31751
江 苏	512527	1125710	7551105	4877501	83129	2432049	74130	84296
浙 江	276035	78979	3852102	2229660		1622442		
安 徽			296003	30949		265054		
福 建	117700	362576	3732086	1371507		2360579		
江 西	986	199359	512141	1038		149892		361211
山 东	751540	175611	2460306	1612821	300	610375	44707	192103
河 南			379195	43505		335690		
湖 北	163181		1417321	301025		876664		239632
湖 南			838806	306138	49732	463317	5481	14138
广 东	112530	373728	11349211	3769570	633802	6053255	198403	694181
广 西			761854	325083		436771		
海 南	660244	3964	34683	12569	4814	3300		14000
重 庆	56011	7644	889003	202315	11569	559057	116062	
四 川			1290057	399191	126594	764272		
贵 州			32271	21801	10470			
云 南			453622	210637		242985		
西 藏								
陕 西	20000		1442703	181297	6700	1175890		78816
甘 肃			607			607		
青 海								
宁 夏			43000	11173		30466		1361
新 疆								

2-22　各地区按资质等级分的房地产开发企业本年实际到位资金

单位：万元

地　区	总　计	一　级	二　级	三　级	四　级	暂　定	其　他
全国总计	**2011322097**	**54477521**	**207221616**	**174198477**	**157078812**	**1128433368**	**289912303**
北　京	65242364	2928737	2843582	2425583	17539638	36221721	3283103
天　津	40127306	357313	3166453	2244336	16102549	11886780	6369875
河　北	60468985	2308976	4783218	5784564	12030422	33715739	1846066
山　西	25443815	489136	1740071	1204647	9159879	12676065	174017
内蒙古	15505069	404520	1372470	1791697	5637012	4496067	1803303
辽　宁	34534928	653315	2105334	4341000	46145	17246085	10143049
吉　林	16916980	388691	1731724	974415	1235328	12025999	560823
黑龙江	9924401	156826	858841	2849165	217829	4409154	1432586
上　海	59243912	505469	3569174	2849566		46674158	5645545
江　苏	245276165	4297930	52731314	2080379	335612	156127948	29702982
浙　江	205445136	3472777	6848079	11769735	4120788	111857544	67376213
安　徽	95596395	3040204	5475022	6508157	1061154	66300822	13211036
福　建	77479491	2550298	7965944	6723822	1723742	50657542	7858143
江　西	39006601	212590	1527511	2634380	1703426	29183896	3744798
山　东	132721708	7856383	12092377	9359312	9173674	75792038	18447924
河　南	82126770	2642442	6104914	3804136	1148254	56877396	11549628
湖　北	73124546	2594907	5998820	2892988	4294449	50803675	6539707
湖　南	65469778	1594608	4006962	9573590	11009022	37143760	2141836
广　东	281562167	6542817	10000347	22071476	34620325	142492016	65835186
广　西	43318270	897939	3288672	4921003	1241471	31535084	1434101
海　南	19740089	486109	1629058	1779831	1124277	11887755	2833059
重　庆	57237673	4165523	20590711	2988367	61450	28051513	1380109
四　川	101429163	2608113	27994606	50994933	355868	13726645	5748998
贵　州	28073435	273688	3467034	2416568	1452564	19199529	1264052
云　南	37495311	512736	2901105	1268737	6651275	20661177	5500281
西　藏	1743800	10000	675749	278256	345110	411750	22935
陕　西	54034516	1158382	6253165	3573081	7837896	22354078	12857914
甘　肃	13844159	348782	1246327	1899417	3240146	7017727	91760
青　海	4518810	41754	794815	391391	507383	2563826	219641
宁　夏	7343066	480686	2015087	586146	867166	3201666	192315
新　疆	17327288	495870	1443130	1217799	2234958	11234213	701318

2-23 各地区按登记注册类型分的房地产开发企业国内贷款

单位：万元

地区	总计	内资	国有	集体	股份合作	国有联营	集体联营
全国总计	**232957908**	**218526657**	**10068500**	**29646**	**268183**	**156864**	
北京	9235663	9065821	7350		7000		
天津	5255188	5047390	737296				
河北	3633920	3633920	14966				
山西	1130538	1130538					
内蒙古	581928	581928					
辽宁	2527849	2297400	42000				
吉林	1112881	1112881					
黑龙江	786392	776392	6501				
上海	13588782	12022955	914463			400	
江苏	35068552	31443583	2459145		172020	91464	
浙江	28933293	28193143	68755				
安徽	8453166	8344470	87				
福建	8845205	8130076	27310				
江西	3335408	3143893	13650	4500	5000		
山东	12371390	11180133	261581	2190	27463		
河南	5479159	5472644	6017				
湖北	9224249	9070927	676649		7000		
湖南	6513271	6269650	71935				
广东	43779883	40265020	3872660	21956	49700	65000	
广西	5230564	4953577	385				
海南	2419813	1851284	91951	1000			
重庆	6399559	6083163	129070				
四川	9607712	9332866	168275				
贵州	1063523	1063523	17500				
云南	2403943	2273231	92000				
西藏	186064	186064	32500				
陕西	3374675	3184847	330194				
甘肃	945874	945874	7760				
青海	385707	385707					
宁夏	389322	389322					
新疆	694435	694435	18500				

2-23　续表 1　　　　　　　　　　　　　　　　　　　　　　　　单位：万元

地　　区	内　　资						
	国有与集体联　　营	其他联营	国有独资公　　司	其他有限责任公司	股份有限公　　司	私营独资	私营合伙
全国总计	**123500**	**45323**	**16080561**	**117454352**	**3557260**	**2106280**	**317647**
北　　京			832143	8023976	28695		
天　　津			291755	2437166	180149	187260	
河　　北			30678	2229222	204341		
山　　西			56406	896956			
内 蒙 古			17700	466585			
辽　　宁			8288	1069394	102415	65157	
吉　　林			55154	452122			
黑 龙 江			17509	513080	120562	20000	
上　　海			1435036	7198915	74569		
江　　苏	118500	21000	2122673	9227367	641885	494863	157420
浙　　江			1606365	15696899	130046	231609	
安　　徽			942523	6414202	92660		26000
福　　建			1344819	2267175			3000
江　　西		20000	164744	1593138	44474	106160	
山　　东			1470172	6699408	67379	118700	
河　　南			520006	3508962	211844	15525	
湖　　北			281340	5456523	193837	76650	
湖　　南			580580	3530859	28186	703	
广　　东		4323	930982	21366089	942626	577606	129727
广　　西			542673	3730278	6130		
海　　南			308005	975700	11101	5000	
重　　庆	5000		788710	1274139	394202	41150	
四　　川			922455	6658802	16515	69800	
贵　　州			193185	632683	11614		
云　　南			64881	1853914			
西　　藏			61364	84400	1000		
陕　　西			233949	1970410	11900	38397	
甘　　肃			160665	379857	24100	57700	1500
青　　海				340955	17030		
宁　　夏			5000	176373			
新　　疆			90801	328803			

2-23 续表 2　　　　　单位：万元

地　区	内资			港澳台商投资			
	私营有限责任公司	私营股份有限公司	其他内资企业		合资经营	合作经营	独　资
全国总计	**67085478**	**1153673**	**79390**	**9575809**	**4689252**	**219384**	**3315042**
北　京	166657			146344	125322	21022	
天　津	1169374		44390	174888	117550		57338
河　北	1154713						
山　西	177176						
内蒙古	97643						
辽　宁	890146	120000		73345	52500	9900	10945
吉　林	533104	37501	35000				
黑龙江	98740			10000	10000		
上　海	2293950	105622		1045119	577079		454031
江　苏	15532826	404420		2671057	1742804	40000	368521
浙　江	10459469			458796	265345	9930	133034
安　徽	764698	104300		105506	95000		10506
福　建	4487772			286291	225387		60904
江　西	1185397	6830		191515	96585		24430
山　东	2526740	6500		684793	399350		153774
河　南	1194290	16000		6015			6015
湖　北	2376928	2000		117322	43525		73797
湖　南	2032287	25100		108121	102721		5400
广　东	12124851	179500		2159563	587114	121364	1293085
广　西	669111	5000		69161	1510	705	66946
海　南	454027	4500		568529	26720		175675
重　庆	3394892	56000		234019	82490		109929
四　川	1479019	18000		164713	98250	16463	50000
贵　州	208541						
云　南	262436			130712	40000		90712
西　藏	6800						
陕　西	599597	400		170000			170000
甘　肃	304292	10000					
青　海	27722						
宁　夏	155949	52000					
新　疆	256331						

2-23 续表 3

单位：万元

地 区	港澳台商投资		外商投资					
	股份有限	其 他		合资经营	合作经营	独 资	股份有限	其 他
全国总计	**818899**	**533232**	**4855442**	**2357182**	**105336**	**2267776**	**9857**	**115291**
北 京			23498	1498		22000		
天 津			32910			32910		
河 北								
山 西								
内 蒙 古								
辽 宁			157104	55200		101904		
吉 林								
黑 龙 江								
上 海	14009		520708	236835	98500	172739		12634
江 苏	243000	276732	953912	687164		258748	8000	
浙 江	22487	28000	281354	110427		170927		
安 徽			3190	2690		500		
福 建			428838	113340		315498		
江 西		70500						
山 东	131669		506464	360153		114454	1857	30000
河 南			500			500		
湖 北			36000			36000		
湖 南			135500	35500		100000		
广 东		158000	1355300	602851	6836	672956		72657
广 西			207826	110415		97411		
海 南	366134							
重 庆	41600		82377			82377		
四 川			110133	21281		88852		
贵 州								
云 南								
西 藏								
陕 西			19828	19828				
甘 肃								
青 海								
宁 夏								
新 疆								

2-24 各地区按资质等级分的房地产开发企业国内贷款

单位：万元

地 区	总 计	一 级	二 级	三 级	四 级	暂 定	其 他
全国总计	**232957908**	**8115079**	**24699345**	**15458149**	**12471785**	**134736107**	**37477443**
北 京	9235663	849677	966790	506081	2433738	4088807	390570
天 津	5255188	127954	678640	4007	1470657	2046919	927011
河 北	3633920	284226	180793	223569	474993	2366810	103529
山 西	1130538	22530	47485	35803	394060	630660	
内蒙古	581928	55680	61577	50391	99572	180102	134606
辽 宁	2527849	13500	36313	219482		1337409	921145
吉 林	1112881	2000	157893	16424	7655	928909	
黑龙江	786392	18284	125322	55214		152019	435553
上 海	13588782	111561	778981	273389		11239510	1185341
江 苏	35068552	506310	8582155	351986		21512000	4116101
浙 江	28933293	310971	870906	1286672	400590	14727209	11336945
安 徽	8453166	374248	251903	487131	53225	5842748	1443911
福 建	8845205	1174911	872040	444961	127791	5678038	547464
江 西	3335408	500	195982	72482	121789	2793974	150681
山 东	12371390	382905	1747565	550474	614411	7035961	2040074
河 南	5479159	184263	408594	250300	43066	3739658	853278
湖 北	9224249	339952	684822	192964	100906	7379221	526384
湖 南	6513271	120750	375447	893779	747299	4271057	104939
广 东	43779883	1548212	1077949	3358736	4419352	23668051	9707583
广 西	5230564	64000	351574	351993	151687	4283628	27682
海 南	2419813	180975	235724	160235	50318	1456049	336512
重 庆	6399559	967526	2251518	218395		2842309	119811
四 川	9607712	178030	2465129	4863870	2894	1291879	805910
贵 州	1063523	80000	267685	21447	28735	644707	20949
云 南	2403943	57247	40850	3983	102553	1693845	505465
西 藏	186064		57422	8000	102842	7800	10000
陕 西	3374675	66407	615398	156189	280846	1563136	692699
甘 肃	945874	1520	80733	284942	105348	467201	6130
青 海	385707	9969	46353	33800	82806	212579	200
宁 夏	389322	57500	94469	5550		215603	16200
新 疆	694435	23471	91333	75900	54652	438309	10770

2-25　各地区按登记注册类型分的房地产开发企业自筹资金

单位：万元

地　区	总　计	内　资					
			国　有	集　体	股份合作	国有联营	集体联营
全国总计	**654276909**	**622360355**	**20953565**	**491462**	**525486**	**311620**	**3869**
北　京	17155639	16486516		40000	34264		
天　津	12234423	12034993	1288459	7736			
河　北	27294105	26983807	8557				
山　西	9027019	9004620	81390	2300			
内蒙古	6431028	6383215	681				
辽　宁	13292952	12691048	586875				
吉　林	8888119	8781559	217699				
黑龙江	5520487	5461372	75293		137		
上　海	22328445	20855990	2185029	32140		24000	
江　苏	56769643	50224084	3760975	61514	24000	250100	
浙　江	54124776	52585257	59247	2511			
安　徽	25262478	24795452	288125		5000		
福　建	31873824	29169029	135359		228997		
江　西	10101670	9455381	128596			1598	
山　东	41289759	37826601	903080	20056	10000		
河　南	46327973	45897640	150867				
湖　北	23183042	22559317	854331	34009	62816	20000	3869
湖　南	20964456	20091216	98734		13429		
广　东	91837518	83672697	5463882	222421	65379		
广　西	13602783	13494806	12024	3688	1370		
海　南	6392242	6147124	525156	9975			
重　庆	12594991	12065081	422186			2170	
四　川	31742260	30749170	653883	39400	79349		
贵　州	10622113	10602558	106223				
云　南	12325385	11715814	296043				
西　藏	1006336	1006336	7872				
陕　西	26314565	25863419	2337298	13962		13752	
甘　肃	6118900	6118900	260457	1750			
青　海	1995305	1995305	4082		745		
宁　夏	1293173	1293173					
新　疆	6361500	6348875	41162				

2-25 续表 1 单位：万元

地 区	内资						
	国有与集体联营	其他联营	国有独资公司	其他有限责任公司	股份有限公司	私营独资	私营合伙
全国总计	**103265**	**86698**	**30198625**	**317163011**	**5250919**	**4915937**	**431045**
北 京			371228	15835630	169489		
天 津			1125042	6647074	16950	269441	
河 北			189184	12723312	36080	18298	
山 西			477450	3222215			
内蒙古			169131	2664200			
辽 宁			121033	4366613	144351	702009	4875
吉 林			189449	3623181	96224	71489	5640
黑龙江			187005	2820677	47109	136424	
上 海			2797109	11409594	77826	13050	
江 苏	103265	49113	1637613	17615860	1088636	496036	90204
浙 江			3524581	28683589	51321	370482	6623
安 徽		37585	2168288	16786039	51666	58850	43810
福 建			2761309	10461785			150
江 西			154453	3876272	120631	93398	5780
山 东			2588384	19751440	564733	72503	79955
河 南			920502	26610466	389916	117778	
湖 北			951058	11400371	357215	133128	8722
湖 南			865993	8519222	264451	95770	23330
广 东			2246541	47047315	1261111	1501696	110735
广 西			557154	8873774	29287		
海 南			98707	4026438	55558	18464	
重 庆			938280	2623823	79744	109728	
四 川			2174081	17929899	70071	77357	16351
贵 州			534779	5027623	14642		
云 南			333404	5391086	76166	46140	29065
西 藏			531212	176650	17000	2069	
陕 西			1217083	12845565	55079	229721	
甘 肃			116579	2399735	92826	140515	4200
青 海			9592	979236	3287	53883	1605
宁 夏			29813	370760			
新 疆			212588	2453567	19550	87708	

2-25　续表 2　　　　单位：万元

地　区	内资			港澳台商投资			
	私营有限责任公司	私营股份有限公司	其他内资企业		合资经营	合作经营	独　资
全国总计	**239395680**	**2191523**	**337650**	**19912953**	**8382291**	**530919**	**9656672**
北　京	35905			272062	6086	145261	63660
天　津	2570185	302	109804	176121	85033	59235	31853
河　北	14004520	3856		121460	60772		59736
山　西	5184965	36300		140	140		
内蒙古	3531876	17327					
辽　宁	6740625	19197	5470	546480	136697	5035	404748
吉　林	4454586	87291	36000	87350			87350
黑龙江	2165665	19019	10043	59115			59115
上　海	4254246	62996		1122498	336968		671705
江　苏	24607922	404224	34622	5034135	3421694	154455	1215305
浙　江	19849696	37207		283836	131060	7169	140507
安　徽	5282384	73705		417048	28230		388818
福　建	15581329	100		1194704	702044		185060
江　西	5001129	73524		391389	190647		200742
山　东	13706296	120571	9583	2942489	1792137	19644	818012
河　南	17621277	86834		124192	41521	17399	65272
湖　北	8396018	245996	91784	450909	113367		236170
湖　南	10067424	136245	6618	689144	30857		658287
广　东	25415445	338172		4018910	719100	92172	3084111
广　西	4017499	10		69760	31869	12395	25496
海　南	1365060	47766		215249	50625	154	109650
重　庆	7811010	78140		377132	207086		166603
四　川	9633186	61378	14215	479657	79903	18000	381754
贵　州	4881154	38137		934	934		
云　南	5449849	94061		502804	171699		331105
西　藏	259533	12000					
陕　西	9115430	16018	19511	322810	31197		271613
甘　肃	3054268	48570					
青　海	942135	740					
宁　夏	870956	21644					
新　疆	3524107	10193		12625	12625		

2-25 续表 3

单位：万元

地 区	港澳台商投资		外商投资					
	股份有限	其 他		合资经营	合作经营	独 资	股份有限	其 他
全国总计	**414780**	**928291**	**12003601**	**4564266**	**425127**	**6211672**	**45327**	**757209**
北 京		57055	397061	354906	24655	17500		
天 津			23309	2200		18682	2427	
河 北	952		188838	27981	3574	157283		
山 西			22259			22259		
内 蒙 古			47813			47813		
辽 宁			55424	11707		43717		
吉 林			19210			19210		
黑 龙 江								
上 海		113825	349957	101142	43155	193928		11732
江 苏		242681	1511424	1115662		391388	2000	2374
浙 江		5100	1255683	542067		713616		
安 徽			49978			49978		
福 建		307600	1510091	614024		896067		
江 西			254900	1038		2700		251162
山 东	221419	91277	520669	281178	300	234623		4568
河 南			306141	6199		299942		
湖 北	101372		172816	47694		125122		
湖 南			184096	25374	10000	144833	500	3389
广 东	20181	103346	4145911	868138	335918	2449572	40400	451883
广 西			38217	11965		26252		
海 南	50856	3964	29869	12569		3300		14000
重 庆		3443	152778	106037		46741		
四 川			513433	281828	825	230780		
贵 州			18621	18621				
云 南			106767	33813		72954		
西 藏								
陕 西	20000		128336	100123	6700	3412		18101
甘 肃								
青 海								
宁 夏								
新 疆								

2-26　各地区按资质等级分的房地产开发企业自筹资金

单位：万元

地　区	总　计	一　级	二　级	三　级	四　级	暂　定	其　他
全国总计	**654276909**	**12232889**	**57697154**	**51696293**	**47560878**	**367102065**	**117987630**
北　京	17155639	506945	160505	415550	4039828	10953491	1079320
天　津	12234423	45621	1149944	1041169	3445369	4052884	2499436
河　北	27294105	576382	2551969	2808675	4884992	15656427	815660
山　西	9027019	198000	480173	319104	2846953	5128051	54738
内蒙古	6431028	60906	333532	878313	2267959	2094128	796190
辽　宁	13292952	310435	1003226	1492688	20802	6548639	3917162
吉　林	8888119	13360	612027	462775	807018	6613346	379593
黑龙江	5520487	69813	265341	1581723	183557	2801751	618302
上　海	22328445	229132	1205599	658767		16914488	3320459
江　苏	56769643	545270	12259496	669528	29999	32154871	11110479
浙　江	54124776	896486	1967233	3104479	705692	26686290	20764596
安　徽	25262478	584509	1620823	1892330	341893	16389260	4433663
福　建	31873824	101757	4150089	1688814	935991	20704560	4292613
江　西	10101670	75400	372534	538916	377439	7748915	988466
山　东	41289759	1823825	2782079	3067468	3319716	22991791	7304880
河　南	46327973	1358037	3024155	1865766	765179	32195285	7119551
湖　北	23183042	342415	1397676	1088708	1499400	16181805	2673038
湖　南	20964456	436700	966206	2743777	3012225	12789139	1016409
广　东	91837518	2471289	2409408	3355658	8532975	44285432	30782756
广　西	13602783	111587	825470	1423397	436893	9846581	958855
海　南	6392242	32351	597356	468104	290346	3792729	1211356
重　庆	12594991	515681	2855526	804976	34301	7921245	463262
四　川	31742260	507470	9834098	15029443	248237	4599610	1523402
贵　州	10622113	1484	589635	716417	456759	8086334	771484
云　南	12325385	66583	721496	481931	2103957	7042939	1908479
西　藏	1006336		468184	205533	59715	271618	1286
陕　西	26314565	141673	2017876	1430570	3310680	12712604	6701162
甘　肃	6118900	39839	352429	746083	1476287	3433491	70771
青　海	1995305	1200	316984	137773	129766	1381268	28314
宁　夏	1293173	44940	147982	142909	153215	684250	119877
新　疆	6361500	123799	258103	434949	843735	4438843	262071

2-27 各地区按资质等级分的房地产开发企业利用外资

单位：万元

地区	总计	一级	二级	三级	四级	暂定	其他
全国总计	**1073568**		**130192**	**9186**	**68902**	**735615**	**129673**
北京	25700						25700
天津							
河北							
山西	6294					6294	
内蒙古							
辽宁	24244					24244	
吉林	1371					1371	
黑龙江							
上海	67835					7266	60569
江苏	303755		90521			193867	19367
浙江	74961					63914	11047
安徽	5695					5695	
福建	65316			5216		60100	
江西	44984					44984	
山东	101429			2070	1591	94268	3500
河南							
湖北	137453				10500	125963	990
湖南							
广东	151899		39671		56811	55417	
广西	967			900		67	
海南	40000					40000	
重庆	195					195	
四川							
贵州							
云南	20470					11970	8500
西藏	1000			1000			
陕西							
甘肃							
青海							
宁夏							
新疆							

2-28　各地区按资质等级分的房地产开发企业定金及预收款

单位：万元

地　区	总　计	一　级	二　级	三　级	四　级	暂　定	其　他
全国总计	**739456547**	**22961162**	**80653384**	**68744093**	**62805498**	**412075175**	**92217235**
北　京	31148397	1443104	1254836	992759	8641442	17555278	1260978
天　津	17590747	149799	989514	1078243	8774221	4425963	2173007
河　北	18648124	1087577	1253982	1757341	3915320	9984816	649088
山　西	9701890	184106	771911	579970	3768035	4281565	116303
内蒙古	5739730	181620	579080	686923	2254628	1311633	725846
辽　宁	12984010	198784	720619	1803917	14065	6491804	3754821
吉　林	3969304	297136	384962	364997	249714	2589216	83279
黑龙江	2023776	43403	261916	743272	19285	832600	123300
上　海	18110212	161684	1059797	1492634		14507703	888394
江　苏	102544197	2189874	21083934	731307	155431	68903298	9480353
浙　江	86772955	1398900	2249528	4806297	2025021	50290870	26002339
安　徽	36791095	1225577	2107198	2401935	426315	26463540	4166530
福　建	22504915	810898	1681765	2596897	298036	15391175	1726144
江　西	13630340	78613	587562	1010205	697763	9811191	1445006
山　东	54517698	3718559	5110974	3528439	3281142	32535084	6343500
河　南	19618689	557083	1700789	1039304	234999	13479268	2607246
湖　北	26490341	1439013	2782295	814810	1406996	18132717	1914510
湖　南	21438113	688289	1818481	3320511	3845617	11268713	496502
广　东	95893493	1663446	4209003	9938986	13952359	48709259	17420440
广　西	13394843	488604	1120695	1517855	361118	9711647	194924
海　南	8393898	230439	769168	803663	569115	4956522	1064991
重　庆	24234495	1639380	9755312	1355346	26027	10929563	528867
四　川	41976920	1515180	11062335	21540671	85810	5335907	2437017
贵　州	7875426	97389	1309059	808836	486051	4925443	248648
云　南	11909572	185300	1267593	396763	2219503	6306853	1533560
西　藏	279348	5200	35282	29285	111519	98062	
陕　西	16051341	539665	2277938	1218418	2562684	5119226	4333410
甘　肃	3861801	197461	405102	505183	920954	1818866	14235
青　海	1403033	30475	280164	177541	182103	617792	114958
宁　夏	4036506	293649	1197570	304481	493643	1702470	44693
新　疆	5921338	220955	565020	397304	826582	3587131	324346

2-29 各地区按资质等级分的房地产开发企业个人按揭贷款

单位：万元

地　区	总　计	一　级	二　级	三　级	四　级	暂　定	其　他
全国总计	**323881884**	**9758832**	**37168236**	**33204166**	**27980764**	**182334256**	**33435630**
北　京	4953464	125011	196583	126322	847169	3237352	421027
天　津	3460776	29383	189766	58396	1860423	1019955	302853
河　北	9915031	339087	742409	930624	2506092	5130638	266181
山　西	4717087	82206	371440	199973	1894831	2165661	2976
内蒙古	2371714	88227	279383	145224	896509	838418	123953
辽　宁	5157660	126763	301781	729516	11278	2603421	1384901
吉　林	1955311	59808	316712	98514	99791	1320261	60225
黑龙江	1162131	25326	172858	358424	3996	515187	86340
上　海	3180991	3092	197124	418893		2538531	23351
江　苏	43960066	808008	9259184	245067	143735	29563777	3940295
浙　江	31139371	839062	1650990	2209773	799462	17932333	7707751
安　徽	21113836	747229	1349819	1233980	182970	15294140	2305698
福　建	11735522	437112	1049600	1526521	249258	7473518	999513
江　西	11192322	57352	346942	948691	462478	8274936	1101923
山　东	20590982	1663345	1991377	1766168	1670923	11463817	2035352
河　南	9742008	524722	886368	572175	88596	6798108	872039
湖　北	11385035	436928	912861	663307	981197	7199223	1191519
湖　南	14381618	337838	681474	2313173	2998617	7604822	445694
广　东	42316181	854233	2131121	4743104	6842414	21248194	6497115
广　西	9159651	216031	734992	1440467	264740	6357521	145900
海　南	1046891	40769	21606	207906	91708	633256	51646
重　庆	10997410	794656	4582506	476350		4882701	261197
四　川	17487042	394446	4519869	9257206	8465	2358214	948842
贵　州	7539684	94815	1107199	812842	459272	4843787	221769
云　南	8963381	177435	802682	299957	1858152	4628468	1196687
西　藏	189873	4800	53115	34438	70175	27345	
陕　西	5915260	144027	892619	654372	1224255	2309701	690286
甘　肃	2791161	97875	396151	346806	715525	1234180	624
青　海	555705	110	106738	39803	86111	268402	54541
宁　夏	1498381	82265	518536	114929	208284	563003	11364
新　疆	3306339	126871	404431	231245	454338	2005386	84068

2-30 各地区按资质等级分的房地产开发企业其他到位资金

单位：万元

地 区	总 计	一 级	二 级	三 级	四 级	暂 定	其 他
全国总计	**59675281**	**1409559**	**6873305**	**5086590**	**6190985**	**31450150**	**8664692**
北 京	2723501	4000	264868	384871	1577461	386793	105508
天 津	1586172	4556	158589	62521	551879	341059	467568
河 北	977805	21704	54065	64355	249025	577048	11608
山 西	860987	2294	69062	69797	256000	463834	
内蒙古	380669	18087	118898	30846	118344	71786	22708
辽 宁	548213	3833	43395	95397		240568	165020
吉 林	989994	16387	260130	31705	71150	572896	37726
黑龙江	431615		33404	110532	10991	107597	169091
上 海	1967647		327673	5883		1466660	167431
江 苏	6629952	248468	1456024	82491	6447	3800135	1036387
浙 江	4399780	27358	109422	362514	190023	2156928	1553535
安 徽	3970125	108641	145279	492781	56751	2305439	861234
福 建	2454709	25620	212450	461413	112666	1350151	292409
江 西	701877	725	24491	64086	43957	509896	58722
山 东	3850450	267749	460382	444693	285891	1671117	720618
河 南	958941	18337	85008	76591	16414	665077	97514
湖 北	2704426	36599	221166	133199	295450	1784746	233266
湖 南	2172320	11031	165354	302350	405264	1210029	78292
广 东	7583193	5637	133195	674992	816414	4525663	1427292
广 西	1929462	17717	255941	186391	27033	1335640	106740
海 南	1447245	1575	5204	139923	122790	1009199	168554
重 庆	3011023	248280	1145849	133300	1122	1475500	6972
四 川	615229	12987	113175	303743	10462	141035	33827
贵 州	972689		193456	57026	21747	699258	1202
云 南	1872560	26171	68484	86103	367110	977102	347590
西 藏	81179		61746		859	6925	11649
陕 西	2378675	266610	449334	113532	459431	649411	440357
甘 肃	126423	12087	11912	16403	22032	63989	
青 海	179060		44576	2474	26597	83785	21628
宁 夏	125684	2332	56530	18277	12024	36340	181
新 疆	1043676	774	124243	78401	55651	764544	20063

2-31 各地区按资质等级分的房地产开发企业各项应付款合计

单位：万元

地区	总计	一级	二级	三级	四级	暂定	其他
全国总计	**516950211**	**13574000**	**59461065**	**53501406**	**47962801**	**278751299**	**63699640**
北京	6135203	62145	389007	339046	1963452	3011853	369700
天津	12695892	51379	504304	1659364	5230706	2404532	2845607
河北	17198399	952361	983028	1521532	3495271	9292081	954126
山西	5998298	100966	388657	238543	1966180	3182950	121002
内蒙古	5112847	56193	437457	624994	2050197	1334802	609204
辽宁	11034697	169024	972062	1749640	23289	4981743	3138939
吉林	5834881	74084	441132	376720	448056	4359437	135452
黑龙江	2969857	20101	268478	888196	51185	1267037	474860
上海	10281640	77932	605196	649099		8044626	904787
江苏	61908021	1421274	15424785	856164	8350	36881221	7316227
浙江	32506752	304936	1229699	3134984	1177871	16066317	10592945
安徽	26366751	547559	2251305	2314235	483616	17986603	2783433
福建	17116348	272767	1366398	1870281	344136	11723843	1538923
江西	10436534	86284	373084	650932	613283	7631798	1081153
山东	33130971	912090	3527476	2679140	2511070	19245394	4255801
河南	19577322	740929	1605500	1175035	197803	13881700	1976355
湖北	21019462	2035578	1346767	814883	1511875	13609970	1700389
湖南	20503409	430999	1319334	3235895	3956140	11096710	464331
广东	62620889	1051564	2778864	5304045	10868335	31062259	11555822
广西	17638041	279388	1429051	2476778	488867	11900761	1063196
海南	6598948	99004	458388	917676	448471	3596553	1078856
重庆	19716957	1106546	7757900	1110107	16491	9256942	468971
四川	27609706	549024	7655648	13839163	89230	3824185	1652456
贵州	14493534	89838	1553869	1010917	782869	10399882	656159
云南	16039395	642433	925819	700324	3393426	8169202	2208191
西藏	565349	3000	88665	104494	113150	227691	28349
陕西	14465547	830660	1569793	978033	2737417	5281105	3068539
甘肃	8010227	207787	598947	1518855	1775698	3826209	82731
青海	1515015	32154	220242	225806	148211	657085	231517
宁夏	1463715	40159	427645	147650	148312	591378	108571
新疆	6385604	325842	562565	388875	919844	3955430	233048

第三章

房屋开竣工面积、商品房销售及土地情况

3-1　各地区按用途分的房地产开发企业房屋施工面积

单位：平方米

地　　区	房屋施工面　　积	住　宅	办公楼	商业营业用房	其　他
全国总计	**9753865101**	**6903193727**	**377296010**	**906767441**	**1566607923**
北　　京	140553215	68956397	14613872	10066457	46916489
天　　津	126277792	87817540	5166118	11710089	21584045
河　　北	356813846	276460632	6853516	23766877	49732821
山　　西	249303651	186004811	5756992	19722654	37819194
内 蒙 古	163946459	116938465	2096243	22410847	22500904
辽　　宁	254235368	188233028	5165356	32391691	28445293
吉　　林	130616209	91577308	6258708	15854553	16925640
黑 龙 江	107409456	78311486	2105436	14665691	12326843
上　　海	166278955	76031417	26150192	18666683	45430663
江　　苏	684796285	510687486	23271863	54908070	95928866
浙　　江	588189361	369115129	28959147	47996879	142118206
安　　徽	468125871	351510520	12363064	44778570	59473717
福　　建	346671835	234581033	15257202	27465913	69367687
江　　西	252198715	192843404	6542555	27578557	25234199
山　　东	827716679	607126199	29596124	64582864	126411492
河　　南	626881705	485800465	18568866	52606986	69905388
湖　　北	377413731	284512482	15761846	30577194	46562209
湖　　南	426608934	318032850	9555964	45636026	53384094
广　　东	942475327	638289601	61032249	78281900	164871577
广　　西	341756956	252194764	8135829	27451041	53975322
海　　南	89385116	59040749	4747655	12743259	12853453
重　　庆	268931712	177097759	7387599	29001823	55444531
四　　川	542486968	361536073	21620252	49182582	110148061
贵　　州	287498948	200330905	5681430	33708388	47778225
云　　南	291481362	197209394	10072707	28943186	55256075
西　　藏	9453670	6584176	472768	1261014	1135712
陕　　西	299780834	219231527	13730797	27376211	39442299
甘　　肃	131975539	93374202	3160031	13633239	21808067
青　　海	33987914	24186919	733248	4120367	4947380
宁　　夏	56068826	37603172	1511330	7627012	9327312
新　　疆	164543862	111973834	4967051	28050818	19552159

3-2 各地区按资质等级分的房地产开发企业房屋施工面积

单位：平方米

地区	总计	一级	二级	三级	四级	暂定	其他
全国总计	**9753865101**	**323409835**	**1217313899**	**1244326414**	**1132434804**	**4874663586**	**961716563**
北京	140553215	5521486	11167025	6678001	62146084	47497237	7543382
天津	126277792	1812691	9524393	6572936	73357106	22053429	12957237
河北	356813846	18511483	35190401	44493683	91313597	154425515	12879167
山西	249303651	7697228	24121739	17160637	99842249	98920404	1561394
内蒙古	163946459	4824580	21992928	24415354	69518710	30153820	13041067
辽宁	254235368	6317178	22382767	48382324	1430523	124216954	51505622
吉林	130616209	4206139	21170858	11561177	12243252	78363990	3070793
黑龙江	107409456	2009866	14827194	43164541	3527357	31330405	12550093
上海	166278955	4980045	14333679	7872756		121861461	17231014
江苏	684796285	18404702	173560474	8868294	521845	405957586	77483384
浙江	588189361	11653802	27435944	61121920	22831159	297914576	167231960
安徽	468125871	12449360	40156352	54705073	10526361	304444246	45844479
福建	346671835	8593606	43446497	56760522	16853927	199582056	21435227
江西	252198715	2662180	11465279	27581844	19269057	167083606	24136749
山东	827716679	50967820	79626808	86901188	85416751	445260615	79543497
河南	626881705	28094526	66309086	48341207	18275542	392810513	73050831
湖北	377413731	14918180	39112166	26084313	38706833	228184453	30407786
湖南	426608934	14980904	32744599	91560122	91722783	182100019	13500507
广东	942475327	21271784	43707722	102639509	161049606	471512739	142293967
广西	341756956	12487967	28810056	46964851	16704624	229430775	7358683
海南	89385116	2659323	6991824	8551776	6345172	55002443	9834578
重庆	268931712	17973056	105053551	21407949	265191	117670020	6561945
四川	542486968	18442671	154149755	251654365	1115913	91104703	26019561
贵州	287498948	3047738	47664865	32070193	20231763	175725355	8759034
云南	291481362	5868811	30721562	14793275	75043323	133075267	31979124
西藏	9453670	116214	4428944	1169814	1616550	2000116	122032
陕西	299780834	9399046	49782291	37517598	62432052	89072601	51577246
甘肃	131975539	5081325	14141608	24573657	32184639	54955677	1038633
青海	33987914	559160	8133325	5329969	4720904	12594290	2650266
宁夏	56068826	2996307	15576580	9073902	6249014	20709223	1463800
新疆	164543862	4900657	19583627	16353664	26972917	89649492	7083505

3-3　各地区按资质等级分的房地产开发企业住宅施工面积

单位：平方米

地　区	总　计	一　级	二　级	三　级	四　级	暂　定	其　他
全国总计	**6903193727**	**224666998**	**849729938**	**873236203**	**788792820**	**3504819253**	**661948515**
北　京	68956397	3043518	6635784	2987716	29286450	23290060	3712869
天　津	87817540	1461101	6478100	5142727	49899047	15082971	9753594
河　北	276460632	13360493	27331238	34534303	70261198	120379258	10594142
山　西	186004811	5289298	18143714	13309375	72134300	75869644	1258480
内蒙古	116938465	3546234	15697676	16529781	48675114	22997780	9491880
辽　宁	188233028	5020832	16523496	36653956	1118461	90326671	38589612
吉　林	91577308	3161400	12549539	8729315	9044681	55843658	2248715
黑龙江	78311486	1739162	11099182	30309227	2825467	22662303	9676145
上　海	76031417	3515376	7020814	3776229		57280051	4438947
江　苏	510687486	12835104	127406440	5937422	363670	306614192	57530658
浙　江	369115129	7248829	17024206	36407369	15208020	189787254	103439451
安　徽	351510520	9476274	29283331	38033284	8141059	232620153	33956419
福　建	234581033	5689073	27953726	38661586	9590331	138149696	14536621
江　西	192843404	2057016	8173653	21025910	13803983	129215850	18566992
山　东	607126199	36026483	57747534	64642835	65095533	324219703	59394111
河　南	485800465	22255675	49794013	36931957	14348043	307021709	55449068
湖　北	284512482	10200053	28344568	20434465	30938520	170369508	24225368
湖　南	318032850	11188883	25219130	68836755	66674773	135435117	10678192
广　东	638289601	13608633	30779749	69818760	106300495	330128104	87653860
广　西	252194764	9015038	20426670	35934100	12521839	168738628	5558489
海　南	59040749	1054146	5076837	5734323	4925090	35982873	6267480
重　庆	177097759	11187825	67105549	14853407	139004	78977650	4834324
四　川	361536073	11248980	102695278	165177216	830261	65562502	16021836
贵　州	200330905	1929665	30932209	21889525	14184298	125328314	6066894
云　南	197209394	3510315	21518791	11094608	49342940	89292834	22449906
西　藏	6584176	63817	3512312	822410	1142572	1017907	25158
陕　西	219231527	6556241	36551964	27155718	43466257	68420226	37081121
甘　肃	93374202	3110730	10071927	16732770	23129405	39459379	869991
青　海	24186919	471152	5381768	3494326	3663663	9640898	1535112
宁　夏	37603172	2201396	10617542	6063278	4014562	13676260	1030134
新　疆	111973834	3594256	12633198	11581550	17723784	61428100	5012946

3-4 各地区按用途分的房地产开发企业房屋新开工面积

单位：平方米

地　　区	房屋新开工面积	住　宅	办公楼	商业营业用房	其　他
全国总计	**1988950471**	**1463785584**	**52238877**	**141055253**	**331870757**
北　京	18959271	10259108	745801	1076320	6878042
天　津	18853615	13241704	301499	1451787	3858625
河　北	90691863	71461900	1407809	4285543	13536611
山　西	43477411	33920890	686075	2462807	6407639
内蒙古	29117664	22617966	108865	1998593	4392240
辽　宁	45981902	34577247	643089	4232711	6528855
吉　林	31208707	24092188	951498	2219643	3945378
黑龙江	17383129	13603410	213407	1753567	1812745
上　海	38459742	16824931	6294504	3477325	11862982
江　苏	168732942	127944528	4135679	10396023	26256712
浙　江	123053140	76636131	5485291	8902543	32029175
安　徽	104348918	81404143	2190439	6519810	14234526
福　建	64392016	45874034	1263624	3825077	13429281
江　西	52820396	41967274	1319853	4144032	5389237
山　东	165720958	125008177	4291669	10278531	26142581
河　南	136528913	112976671	1486154	8952313	13113775
湖　北	78436861	61152185	2016869	4539238	10728569
湖　南	101682141	79922442	1465978	8514468	11779253
广　东	160972578	113925130	5845713	10091729	31110006
广　西	53292861	40165117	869591	3156938	9101215
海　南	13411421	8120277	1214090	2168917	1908137
重　庆	48733649	32311884	1045184	4707829	10668752
四　川	114935712	79599113	2909009	8680697	23746893
贵　州	45280864	33115128	294928	4026761	7844047
云　南	64622118	45783286	1618383	4396132	12824317
西　藏	2223393	1472333	171823	310248	268989
陕　西	59703667	44849013	1899794	3912882	9041978
甘　肃	33697781	25534487	454028	2461435	5247831
青　海	7908892	6306534	69336	560843	972179
宁　夏	13967286	10150679	81496	1067928	2667183
新　疆	40350660	28967674	757399	6482583	4143004

3-5　各地区按资质等级分的房地产开发企业房屋新开工面积

单位：平方米

地　区	总　计	一　级	二　级	三　级	四　级	暂　定	其　他
全国总计	**1988950471**	**44262321**	**195362251**	**193855067**	**157719605**	**1150611663**	**247139564**
北　京	18959271	124430	751599	537434	6984569	9628468	932771
天　津	18853615	275198	540148	655123	6789633	6085063	4508450
河　北	90691863	2643751	6395269	9784567	17983385	51503037	2381854
山　西	43477411	614133	1424842	2489210	12400938	25940968	607320
内蒙古	29117664	426370	2300374	3609497	9426609	9592710	3762104
辽　宁	45981902	1062984	3350425	7263146	14891	21588625	12701831
吉　林	31208707	536007	2416754	1729677	2498147	22499291	1528831
黑龙江	17383129	81720	1591384	4768444	833298	7024683	3083600
上　海	38459742	456762	3076777	1099514		26891296	6935393
江　苏	168732942	2943302	36527540	1209514	41902	108480741	19529943
浙　江	123053140	1899825	4649495	6784243	2488241	63311796	43919540
安　徽	104348918	2132102	5975137	8354828	1006424	71850804	15029623
福　建	64392016	605757	7370763	6219946	1264414	42729306	6201830
江　西	52820396	197999	1942364	3288531	2515397	39361997	5514108
山　东	165720958	8669422	11621384	13215812	14574388	95900460	21739492
河　南	136528913	4973356	9583615	7158188	2605090	97444883	14763781
湖　北	78436861	1479122	4834182	4195326	8564335	49825386	9538510
湖　南	101682141	1851687	3721101	13911096	17716985	59658887	4822385
广　东	160972578	2099328	4518417	11609316	13648526	96595118	32501873
广　西	53292861	1513124	3562087	6195706	2137531	38250482	1633931
海　南	13411421	5397	622858	790143	717559	9735112	1540352
重　庆	48733649	3922841	14365369	4081777	25031	25423880	914751
四　川	114935712	2179225	37179442	52731915	332268	18782677	3730185
贵　州	45280864	590952	5051246	2920189	1677309	32602126	2439042
云　南	64622118	430243	4476610	2780679	9998281	36075753	10860552
西　藏	2223393		248910	346364	633044	873043	122032
陕　西	59703667	811691	6202768	5123327	7406663	27959874	12199344
甘　肃	33697781	361799	3667115	5454434	5216757	18474421	523255
青　海	7908892	33181	1474850	626028	1269221	4190141	315471
宁　夏	13967286	532340	3293637	1498299	1151612	6904453	586945
新　疆	40350660	808273	2625789	3422794	5797157	25426182	2270465

3-6 各地区按资质等级分的房地产开发企业住宅新开工面积

单位：平方米

地 区	总 计	一 级	二 级	三 级	四 级	暂 定	其 他
全国总计	**1463785584**	**31572229**	**140334817**	**140653197**	**116170693**	**859690371**	**175364277**
北 京	10259108	29441	532576	302969	3783054	4943600	667468
天 津	13241704	202198	328010	315763	4983120	4115867	3296746
河 北	71461900	2130685	5303313	7538970	13666386	40879190	1943356
山 西	33920890	554785	1043582	1966522	9805796	20040259	509946
内蒙古	22617966	226746	1751629	2707454	7311699	7615595	3004843
辽 宁	34577247	792642	2626353	5815213	14491	16172067	9156481
吉 林	24092188	386806	2033674	1481545	2140952	16854822	1194389
黑龙江	13603410	64896	1356035	3816547	689975	5064085	2611872
上 海	16824931	144909	1158278	347517		13082605	2091622
江 苏	127944528	1957870	26903841	983697	40608	83585467	14473045
浙 江	76636131	1042507	3129503	3775172	1609682	39830942	27248325
安 徽	81404143	1716466	4545467	6637437	736847	56420716	11347210
福 建	45874034	471883	4996841	4501349	916257	30531471	4456233
江 西	41967274	115818	1750999	2579907	1517620	31447636	4555294
山 东	125008177	6614878	8360828	9834589	10248011	73424736	16525135
河 南	112976671	4416580	7554525	5613536	2032070	81379823	11980137
湖 北	61152185	1098634	3571340	3294140	6830856	38652051	7705164
湖 南	79922442	1439968	3093993	10777314	14054381	46661513	3895273
广 东	113925130	1249970	3299940	8295552	8961211	69704498	22413959
广 西	40165117	935335	2166309	5074986	1574956	29063634	1349897
海 南	8120277	4618	549603	593207	463045	5703410	806394
重 庆	32311884	2067094	9358676	2668274	9573	17579790	628477
四 川	79599113	1413926	25958527	35595763	247670	13642115	2741112
贵 州	33115128	413400	3294928	2060671	1332164	24219433	1794532
云 南	45783286	274625	2862942	2141373	6957119	25611999	7935228
西 藏	1472333		248910	284841	397251	516173	25158
陕 西	44849013	638132	4665434	3628691	5719856	22189549	8007351
甘 肃	25534487	233851	2853549	4005713	4043510	13913917	483947
青 海	6306534	33181	1048537	502378	1054610	3385448	282380
宁 夏	10150679	398595	2403679	1125964	850689	4937783	433969
新 疆	28967674	501790	1582996	2386143	4177234	18520177	1799334

3-7　各地区按用途分的房地产开发企业房屋竣工面积

单位：平方米

地　区	房屋竣工面　积	住　宅	办公楼	商业营业用房	其　他
全国总计	**1014119393**	**730162012**	**33757555**	**87179149**	**163020677**
北　京	19838646	9810532	1429103	1916131	6682880
天　津	18928223	14455961	297926	649980	3524356
河　北	25225466	19504230	377418	1786728	3557090
山　西	26393043	20208214	727258	1969754	3487817
内蒙古	10522524	7898176	111654	1095782	1416912
辽　宁	23390606	19094164	200519	1924696	2171227
吉　林	8454452	6354430	440269	812049	847704
黑龙江	9681232	7316415	38917	1442818	883082
上　海	27395463	14214261	3421068	2940539	6819595
江　苏	91407011	66936755	3226795	7632662	13610799
浙　江	63871392	40154832	3261111	5518466	14936983
安　徽	70128898	53497604	1786410	5921851	8923033
福　建	40416818	26991324	1994715	2991599	8439180
江　西	25174431	19263501	690238	2420445	2800247
山　东	113736815	85966904	2680803	7795506	17293602
河　南	68419005	53747755	1716485	5938291	7016474
湖　北	33983599	27123554	542589	2709673	3607783
湖　南	46042279	35369874	790104	4764808	5117493
广　东	80434711	55875526	4198015	6278195	14082975
广　西	24332467	18876869	311518	1744009	3400071
海　南	4746751	3090494	265100	725341	665816
重　庆	41962053	27243945	1415284	3989340	9313484
四　川	43792506	29651264	1589105	3217592	9334545
贵　州	9163530	6263642	268598	945779	1685511
云　南	25409715	16813042	960434	2582601	5053638
西　藏	879664	449665	39637	312968	77394
陕　西	17698767	13440028	309820	1525740	2423179
甘　肃	14630732	10746444	200349	1639504	2044435
青　海	1597078	1185436		172018	239624
宁　夏	11444160	7628016	169974	1815754	1830416
新　疆	15017356	10989155	296339	1998530	1733332

3-8 各地区按资质等级分的房地产开发企业房屋竣工面积

单位：平方米

地 区	总 计	一 级	二 级	三 级	四 级	暂 定	其 他
全国总计	**1014119393**	**50286091**	**142662428**	**155311631**	**129243749**	**459620053**	**76995441**
北 京	19838646	1348472	1382089	412716	8687589	7573674	434106
天 津	18928223		1699601	1247241	12393585	2742200	845596
河 北	25225466	1443521	3700697	3908565	7787575	7661651	723457
山 西	26393043	1533780	2525692	3043635	9979154	9310782	
内蒙古	10522524	53103	364162	1623691	5140715	2106353	1234500
辽 宁	23390606	979612	2533897	3991571	16824	11347283	4521419
吉 林	8454452		2071472	1285836	1293455	3560528	243161
黑龙江	9681232	19606	1474889	4060996	685251	2234481	1206009
上 海	27395463	1942416	2781647	1297904		20208304	1165192
江 苏	91407011	3585016	28690337	1630516		48436124	9065018
浙 江	63871392	2690278	2225258	11040690	3309361	31433536	13172269
安 徽	70128898	2259663	6778674	7799017	1589353	45025761	6676430
福 建	40416818	1089400	5729521	11564752	1560524	19472354	1000267
江 西	25174431	221814	2052266	2547073	2877881	14889317	2586080
山 东	113736815	10498046	9851661	16149330	15155508	54892349	7189921
河 南	68419005	6593311	6968305	8030714	2099090	36257694	8469891
湖 北	33983599	1180470	1944819	4506185	5845022	18445978	2061125
湖 南	46042279	2198568	4436979	12951827	11508686	13542830	1403389
广 东	80434711	2580766	4681065	12412490	17182670	37056856	6520864
广 西	24332467	999217	2540946	3922518	1031802	15389231	448753
海 南	4746751		218660	1087865	462516	2042271	935439
重 庆	41962053	4253736	18489049	3552725	21066	14910471	735006
四 川	43792506	1570598	11068175	22613019	48944	7012084	1479686
贵 州	9163530	157016	2061636	2115489	613653	4007748	207988
云 南	25409715	73446	4215078	1228246	7931751	10327193	1634001
西 藏	879664		283739	93178	222989	279758	
陕 西	17698767	918975	4157321	2700974	3744537	4206645	1970315
甘 肃	14630732	344309	1334593	3978860	4487724	4306307	178939
青 海	1597078		511792	566346	48165	375123	95652
宁 夏	11444160	880362	3665292	1905075	1416236	3236185	341010
新 疆	15017356	870590	2223116	2042587	2102123	7328982	449958

3-9 各地区按资质等级分的房地产开发企业住宅竣工面积

单位：平方米

地 区	总 计	一 级	二 级	三 级	四 级	暂 定	其 他
全国总计	**730162012**	**34825433**	**100656413**	**110989750**	**93675277**	**334251904**	**55763235**
北 京	9810532	694626	821421	284552	4116506	3655694	237733
天 津	14455961		1219821	1035943	9346035	2118553	735609
河 北	19504230	1051150	2970447	2955397	5882099	5998359	646778
山 西	20208214	1013144	2093648	2317339	7554996	7229087	
内蒙古	7898176	53103	292601	1237624	4010942	1337370	966536
辽 宁	19094164	797082	2107028	3181686	14788	9325052	3668528
吉 林	6354430		1554994	999910	1105837	2450528	243161
黑龙江	7316415	19606	1170870	2768488	587297	1744702	1025452
上 海	14214261	1701344	1598005	611056		9898408	405448
江 苏	66936755	2372180	20653709	1145240		35991271	6774355
浙 江	40154832	1501164	1350585	6636664	2333219	20166320	8166880
安 徽	53497604	1680426	4911830	5871124	1127855	35158757	4747612
福 建	26991324	703162	3696117	7987641	840063	13035976	728365
江 西	19263501	166700	1668818	1982141	1547389	11804591	2093862
山 东	85966904	7461234	7306967	12722186	11704929	41420697	5350891
河 南	53747755	5208883	5126874	5846179	1866252	28949517	6750050
湖 北	27123554	943476	1245556	3410653	4759892	14990591	1773386
湖 南	35369874	1656808	3560638	9916692	8808078	10269396	1158262
广 东	55875526	1551786	3188426	8701320	12168575	26418383	3847036
广 西	18876869	807910	1952134	2934989	770241	12007137	404458
海 南	3090494		187162	442755	379016	1301553	780008
重 庆	27243945	2810866	11695235	2151177	6604	10044344	535719
四 川	29651264	366629	7791909	15314359	38335	4992465	1147567
贵 州	6263642		1437771	1644816	366594	2661869	152592
云 南	16813042	35767	2528126	841234	5325481	6942761	1139673
西 藏	449665		182959	66083	136343	64280	
陕 西	13440028	651836	3098652	2076613	2852674	3278427	1481826
甘 肃	10746444	308204	947714	2682702	3360623	3313502	133699
青 海	1185436		258828	476496	45509	322571	82032
宁 夏	7628016	670559	2400326	1239814	950747	2167172	199398
新 疆	10989155	597788	1637242	1506877	1668358	5192571	386319

3-10 各地区按资质等级分的房地产开发企业90平方米及以下住宅竣工面积

单位：平方米

地区	总计	一级	二级	三级	四级	暂定	其他
全国总计	**116244374**	**7280989**	**16700138**	**17778502**	**14311729**	**51310746**	**8862270**
北京	5736997	492017	502485	187306	2211004	2196234	147951
天津	3531884		402781	449523	2077710	359256	242614
河北	3829294	144749	436147	580617	1464031	1092059	111691
山西	1767883	57649	160902	514678	335857	698797	
内蒙古	860533		58258	127234	460420	125990	88631
辽宁	6901744	334174	956671	903089	13810	3712595	981405
吉林	2181690		591588	204072	170772	981397	233861
黑龙江	2492430	19606	433113	842607	324192	473603	399309
上海	7554981	1701344	711634	298112		4606936	236955
江苏	8151695	168691	2340355	228200		4743434	671015
浙江	6083499	234928	357174	740766	430007	2713952	1606672
安徽	5470480	229753	603081	915631	72880	3431621	217514
福建	5913927	485828	1268118	1292909	211153	2412263	243656
江西	1972874	51764	59041	429330	140064	1160903	131772
山东	10055744	384597	505692	1960177	1235027	5428878	541373
河南	9546852	1370754	678044	1624732	217467	4408990	1246865
湖北	2381180	142707	281034	254269	442677	1096959	163534
湖南	2002514	53103	179998	485236	663007	497600	123570
广东	9771428	173896	578922	1537252	1983975	4677113	820270
广西	2514613	102052	285231	523321	72075	1436645	95289
海南	1317982		131778	168251	269658	691131	57164
重庆	5974397	894499	2737562	624949		1623332	94055
四川	4868351	116822	1437100	2080689	6111	1086759	140870
贵州	256281		45181	42079	34931	124961	9129
云南	1621982	7656	134089	39105	731585	644886	64661
西藏	96819		27004	18300	16391	35124	
陕西	1135298	45412	393462	173761	261292	82163	179208
甘肃	722377	12622	88399	214885	245780	160691	
青海	58772		20148	135	17043	10400	11046
宁夏	168031	21991	80352	15884	34956	14848	
新疆	1301842	34375	214794	301403	167854	581226	2190

3-11　各地区按用途分的房地产开发企业不可销售面积

单位：平方米

地　区	不可销售面　积	住　宅	办公楼	商业营业用房	其　他
全国总计	**56278013**	**14657000**	**2165809**	**6768177**	**32687027**
北　京	2964278	971773	104567	211628	1676310
天　津	1012910	301863	881	15840	694326
河　北	1397401	428798	33655	139516	795432
山　西	2082587	974209	38893	233790	835695
内蒙古	447767	103837	1768	6232	335930
辽　宁	1400110	715614	1251	120553	562692
吉　林	355263	72607	2475	44714	235467
黑龙江	727952	295237	34840	189017	208858
上　海	3324032	299772	380172	792552	1851536
江　苏	4235142	445302	111018	400584	3278238
浙　江	7550320	769694	396299	1223174	5161153
安　徽	2637578	332929	131366	491396	1681887
福　建	1814226	445669	64954	108611	1194992
江　西	569696	164531	1420	83543	320202
山　东	6451503	3174623	141495	480648	2654737
河　南	2731827	905024	118273	205127	1503403
湖　北	1959357	821270	29629	213426	895032
湖　南	1083064	229971	194989	74546	583558
广　东	4853541	1054282	97205	232733	3469321
广　西	668348	188652	1086	38409	440201
海　南	218699	28074	43248	21743	125634
重　庆	1084755	167556	21428	303983	591788
四　川	843408	55267	57657	45810	684674
贵　州	336485	54190	4474	29731	248090
云　南	1729976	450252	9937	428406	841381
西　藏	73823	7752		20599	45472
陕　西	993311	305600	84720	148641	454350
甘　肃	934780	511986	2009	66337	354448
青　海	122133	17043		22145	82945
宁　夏	768863	159563	17372	259932	331996
新　疆	904878	204060	38728	114811	547279

3-12 各地区按资质等级分的房地产开发企业不可销售面积

单位：平方米

地　区	总　计	一　级	二　级	三　级	四　级	暂　定	其　他
全国总计	**56278013**	**2622940**	**7574920**	**8419277**	**7405886**	**26023073**	**4231917**
北　京	2964278	310947	180678	77211	1193059	1084306	118077
天　津	1012910		105065	82138	731123	72481	22103
河　北	1397401	229800	32015	184185	572030	379371	
山　西	2082587	155731	459294	318145	730625	418792	
内蒙古	447767		153	69996	233151	132982	11485
辽　宁	1400110	84235	135614	76453	3588	987049	113171
吉　林	355263		101198	113144	36242	104679	
黑龙江	727952		68317	419108	12515	103622	124390
上　海	3324032	25824	205717	300634		2590225	201632
江　苏	4235142	147572	1836863	39071		1808211	403425
浙　江	7550320	358041	357893	1554852	300433	3523682	1455419
安　徽	2637578	72319	421936	553289	36153	1366066	187815
福　建	1814226	56186	316185	680214	61365	679624	20652
江　西	569696		57720	92668	56277	299241	63790
山　东	6451503	178152	417331	308930	308315	5102936	135839
河　南	2731827	306007	452121	315853	59319	1067972	530555
湖　北	1959357	51143	124227	201014	426519	1078298	78156
湖　南	1083064	2652	93210	218939	194364	566745	7154
广　东	4853541	298192	131974	989220	1214466	1691503	528186
广　西	668348	119748	8467	92114	7406	440613	
海　南	218699			70968	10395	84238	53098
重　庆	1084755	85720	444185	204444	179	308933	41294
四　川	843408	8023	274142	382085	1426	177732	
贵　州	336485		183787	13285	33928	104882	603
云　南	1729976	6178	221528	33611	467669	909008	91982
西　藏	73823			6217	37918	29688	
陕　西	993311	69205	344608	233544	159108	173043	13803
甘　肃	934780	1074	46188	420687	201686	265145	
青　海	122133		80469	13168	17043	2453	9000
宁　夏	768863	9788	276562	122020	243549	96845	20099
新　疆	904878	46403	197473	232070	56035	372708	189

3-13 各地区按用途分的房地产开发企业住宅竣工套数

单位：套

地区	住宅	#90平方米及以下住宅	#144平方米以上住宅
全国总计	**6468266**	**1620827**	**682817**
北京	97830	72740	7457
天津	134435	46410	8526
河北	177856	52548	10216
山西	171508	24945	22777
内蒙古	64966	11407	11281
辽宁	212279	112362	12155
吉林	61845	27489	3094
黑龙江	73754	31930	4107
上海	155789	103911	7882
江苏	560241	107114	77201
浙江	332493	75382	41352
安徽	467192	68445	29561
福建	247572	79610	18770
江西	162992	24738	12804
山东	709801	139331	116338
河南	468147	122260	44325
湖北	230773	31451	14828
湖南	281294	28806	49289
广东	587425	192588	66406
广西	164119	35954	13869
海南	32701	17814	714
重庆	254762	75227	20055
四川	271925	62832	12796
贵州	49867	4410	6563
云南	127515	23022	29817
西藏	4233	1680	1387
陕西	111025	15879	13835
甘肃	92097	10199	7305
青海	9377	754	2351
宁夏	59794	2585	6986
新疆	92659	17004	8770

3-14 各地区按资质等级分的房地产开发企业住宅竣工套数

单位：套

地区	总计	一级	二级	三级	四级	暂定	其他
全国总计	**6468266**	**306126**	**872817**	**1052499**	**810036**	**2945887**	**480901**
北京	97830	8007	8628	2735	39489	35153	3818
天津	134435		11611	10217	85229	20303	7075
河北	177856	9217	25918	26930	54756	55332	5703
山西	171508	8300	16494	23585	61728	61401	
内蒙古	64966	352	2438	9854	33963	10769	7590
辽宁	212279	7827	21828	33217	254	114008	35145
吉林	61845		16824	8529	9657	24149	2686
黑龙江	73754	226	11114	28766	6323	17543	9782
上海	155789	24563	16038	6797		103353	5038
江苏	560241	19890	174051	9743		302255	54302
浙江	332493	12708	13213	52851	19761	164745	69215
安徽	467192	14497	43006	52640	9552	308222	39275
福建	247572	8462	34031	72098	7525	118642	6814
江西	162992	1591	13170	17424	13110	100150	17547
山东	709801	54366	54588	108628	96883	351246	44090
河南	468147	47257	42147	53511	14483	253750	56999
湖北	230773	7428	9893	28357	40209	130432	14454
湖南	281294	14935	29106	80254	68652	78714	9633
广东	587425	11981	28500	153073	118071	240547	35253
广西	164119	5945	16468	25801	6158	106180	3567
海南	32701		1991	3978	4969	14405	7358
重庆	254762	27226	107437	20316	60	94895	4828
四川	271925	3349	72278	136522	371	48151	11254
贵州	49867		10659	13233	3264	21366	1345
云南	127515	389	18280	6353	41535	52052	8906
西藏	4233		1535	578	1114	1006	
陕西	111025	5345	27554	17265	23217	24475	13169
甘肃	92097	2566	8382	22204	28020	29682	1243
青海	9377		1861	3750	403	2789	574
宁夏	59794	5162	19343	9930	7508	16577	1274
新疆	92659	4537	14431	13360	13772	43595	2964

3-15　各地区按资质等级分的房地产开发企业90平方米及以下住宅竣工套数

单位：套

地　区	总　计	一　级	二　级	三　级	四　级	暂　定	其　他
全国总计	**1620827**	**96118**	**218222**	**288986**	**197734**	**704172**	**115595**
北　京	72740	6100	6193	2121	28460	26634	3232
天　津	46410		5357	5296	28028	4482	3247
河　北	52548	1756	5154	7186	20158	16898	1396
山　西	24945	699	2521	8275	4892	8558	
内蒙古	11407		713	1726	5690	2125	1153
辽　宁	112362	4243	11907	13562	244	68521	13885
吉　林	27489		8363	2611	2160	11749	2606
黑龙江	31930	226	5260	11179	4048	6406	4811
上　海	103911	24563	9032	4015		62443	3858
江　苏	107114	2711	33337	2766		59450	8850
浙　江	75382	2728	5645	8947	5212	33626	19224
安　徽	68445	2578	7314	11047	935	43967	2604
福　建	79610	6967	16551	18568	2659	32079	2786
江　西	24738	585	691	5241	1892	14744	1585
山　东	139331	4392	5879	28673	16585	76682	7120
河　南	122260	17213	8866	19641	2610	59574	14356
湖　北	31451	1666	3251	3017	5913	15527	2077
湖　南	28806	1843	2518	7104	9126	6627	1588
广　东	192588	2189	8661	73335	33957	63221	11225
广　西	35954	1560	3500	6565	968	22282	1079
海　南	17814		1521	2354	4040	9169	730
重　庆	75227	11124	34172	7814		20603	1514
四　川	62832	1299	17837	27602	74	13446	2574
贵　州	4410		638	519	633	2475	145
云　南	23022	173	1744	675	10202	9110	1118
西　藏	1680		344	315	237	784	
陕　西	15879	567	5736	2297	3556	1043	2680
甘　肃	10199	141	1023	2551	2738	3746	
青　海	754		307	2	190	130	125
宁　夏	2585	337	1238	316	389	305	
新　疆	17004	458	2949	3666	2138	7766	27

3-16 各地区按用途分的房地产开发企业房屋竣工价值

单位：万元

地 区	房 屋 竣工价值	住 宅	办公楼	商业营 业用房	其 他
全国总计	**394581541**	**289926851**	**18387700**	**36038929**	**50228061**
北 京	8812730	4445145	700500	858379	2808706
天 津	7683890	6124151	181838	262591	1115310
河 北	8126241	6374310	129311	639272	983348
山 西	8540330	6564881	311735	777382	886332
内蒙古	3031584	2376420	25737	334060	295367
辽 宁	9990178	8021941	177775	954413	836049
吉 林	2506759	1739543	224154	320349	222713
黑龙江	2577295	1878125	4006	434461	260703
上 海	17941596	8533305	3288315	2408680	3711296
江 苏	46218136	36441565	1913974	3521474	4341123
浙 江	32574595	22770546	1776968	2789774	5237307
安 徽	24835209	19900321	565657	1965006	2404225
福 建	15070740	10275988	944585	1116198	2733969
江 西	7125452	5407549	265481	726724	725698
山 东	35608190	27442141	1018065	2691188	4456796
河 南	18032990	14073887	492164	1661779	1805160
湖 北	12323820	10129028	291046	951491	952255
湖 南	15693957	11749989	558377	1951707	1433884
广 东	42914798	30946572	3205233	3719149	5043844
广 西	8058440	6355046	143177	653332	906885
海 南	2959181	2058933	204470	359595	336183
重 庆	18650096	13624829	604153	2041440	2379674
四 川	16262595	11753798	580086	1403716	2524995
贵 州	2578744	1833547	53241	297634	394322
云 南	7810520	5343481	363288	854379	1249372
西 藏	429030	216556	22989	143475	46010
陕 西	5726075	4342420	135587	453481	794587
甘 肃	4824665	3707883	64518	546405	505859
青 海	493493	383726		55615	54152
宁 夏	3296345	2194135	61070	620170	420970
新 疆	3883867	2917090	80200	525610	360967

3-17　各地区按资质等级分的房地产开发企业房屋竣工价值

单位：万元

地　区	总 计	一 级	二 级	三 级	四 级	暂 定	其 他
全国总计	**394581541**	**19262157**	**56233798**	**54106170**	**45553187**	**185100479**	**34325750**
北　京	8812730	551455	503159	166546	3350892	4094884	145794
天　津	7683890		561881	545758	4991706	1234582	349963
河　北	8126241	391675	1332004	1061425	2645187	2417068	278882
山　西	8540330	431220	781506	980120	3269109	3078375	
内蒙古	3031584	24427	125506	410915	1469021	669496	332219
辽　宁	9990178	298688	912577	1461998	3915	4810769	2502231
吉　林	2506759		640101	312925	384506	1111322	57905
黑龙江	2577295	5860	425680	1084939	148482	619762	292572
上　海	17941596	983993	2187328	669623		13192460	908192
江　苏	46218136	1231867	14428747	668755		24897540	4991227
浙　江	32574595	1457472	1116696	5863016	1891027	15419351	6827033
安　徽	24835209	966819	2278241	2479063	460200	16309388	2341498
福　建	15070740	381752	1878290	3577467	653285	8051354	528592
江　西	7125452	79214	580451	655071	928295	4186741	695680
山　东	35608190	3041666	2935954	4416071	4513890	18357194	2343415
河　南	18032990	2104498	1877978	1957862	474261	9499409	2118982
湖　北	12323820	392480	713857	1276072	1516564	7664668	760179
湖　南	15693957	762379	1352638	4395798	3549364	5175538	458240
广　东	42914798	2506237	2573907	6717722	8446815	18167756	4502361
广　西	8058440	343616	868719	1140885	259401	5318444	127375
海　南	2959181		116948	636955	199596	1134584	871098
重　庆	18650096	1692694	8594035	1423381	4551	6533753	401682
四　川	16262595	788001	3944635	7981471	12720	2671342	864426
贵　州	2578744	13803	647280	583195	119298	1146844	68324
云　南	7810520	22768	1354504	363019	2229139	3225004	616086
西　藏	429030		171402	37594	98940	121094	
陕　西	5726075	304468	1096880	760316	1170123	1733731	660557
甘　肃	4824665	107871	440245	1158166	1806181	1271601	40601
青　海	493493		163265	188092	15365	104471	22300
宁　夏	3296345	206184	1011641	528747	400853	1054623	94297
新　疆	3883867	171050	617743	603203	540501	1827331	124039

3-18 各地区按资质等级分的房地产开发企业住宅竣工价值

单位：万元

地　　区	总　计	一　级	二　级	三　级	四　级	暂　定	其　他
全国总计	**289926851**	**13280530**	**40224550**	**39327375**	**33639543**	**137971853**	**25483000**
北　京	4445145	300005	298451	120429	1598009	2050295	77956
天　津	6124151		421013	447737	3898687	1058579	298135
河　北	6374310	295143	1048910	832285	2007731	1930251	259990
山　西	6564881	296245	563508	773805	2487495	2443828	
内蒙古	2376420	24427	97439	322568	1189248	488061	254677
辽　宁	8021941	263650	625940	1073928	3549	3904917	2149957
吉　林	1739543		428757	215652	316676	720553	57905
黑龙江	1878125	5860	322746	698999	124727	484239	241554
上　海	8533305	844068	1059102	283568		6070790	275777
江　苏	36441565	830156	10702348	490498		20412267	4006296
浙　江	22770546	843101	729056	4033469	1505782	10928258	4730880
安　徽	19900321	793894	1744739	1961335	363387	13244772	1792194
福　建	10275988	246560	1092700	2518339	265315	5744003	409071
江　西	5407549	43455	486440	532103	475754	3315461	554336
山　东	27442141	2178253	2230355	3491770	3601260	14144794	1795709
河　南	14073887	1639720	1388083	1426667	420889	7569549	1628979
湖　北	10129028	331318	441509	982600	1247613	6432010	693978
湖　南	11749989	584851	1069908	3355107	2600705	3746009	393409
广　东	30946572	1385881	1671223	4814654	6487078	13840616	2747120
广　西	6355046	297493	653600	851927	177325	4258600	116101
海　南	2058933		99781	311984	168007	709418	769743
重　庆	13624829	1214159	6348420	868770	1357	4853890	338233
四　川	11753798	238908	2897666	5816383	9650	2070186	721005
贵　州	1833547		469351	461630	69340	782809	50417
云　南	5343481	15165	875605	244752	1576929	2215136	415894
西　藏	216556		110758	32015	54974	18809	
陕　西	4342420	223597	796436	578647	880358	1368817	494565
甘　肃	3707883	97579	342819	808667	1411390	1015294	32134
青　海	383726		86419	176844	14834	88799	16830
宁　夏	2194135	162407	677660	336045	254466	706906	56651
新　疆	2917090	124635	443808	464198	427008	1353937	103504

3-19 各地区房地产开发企业建造的房屋面积和造价

地 区	房屋施工面积（平方米）	房屋竣工面积（平方米）	房屋建筑面积竣工率（%）	房屋竣工价值（万元）	房屋竣工造价（元/平方米）
全国总计	**9753865101**	**1014119393**	**10.4**	**394581541**	**3891**
北 京	140553215	19838646	14.1	8812730	4442
天 津	126277792	18928223	15.0	7683890	4059
河 北	356813846	25225466	7.1	8126241	3221
山 西	249303651	26393043	10.6	8540330	3236
内 蒙 古	163946459	10522524	6.4	3031584	2881
辽 宁	254235368	23390606	9.2	9990178	4271
吉 林	130616209	8454452	6.5	2506759	2965
黑 龙 江	107409456	9681232	9.0	2577295	2662
上 海	166278955	27395463	16.5	17941596	6549
江 苏	684796285	91407011	13.3	46218136	5056
浙 江	588189361	63871392	10.9	32574595	5100
安 徽	468125871	70128898	15.0	24835209	3541
福 建	346671835	40416818	11.7	15070740	3729
江 西	252198715	25174431	10.0	7125452	2830
山 东	827716679	113736815	13.7	35608190	3131
河 南	626881705	68419005	10.9	18032990	2636
湖 北	377413731	33983599	9.0	12323820	3626
湖 南	426608934	46042279	10.8	15693957	3409
广 东	942475327	80434711	8.5	42914798	5335
广 西	341756956	24332467	7.1	8058440	3312
海 南	89385116	4746751	5.3	2959181	6234
重 庆	268931712	41962053	15.6	18650096	4445
四 川	542486968	43792506	8.1	16262595	3714
贵 州	287498948	9163530	3.2	2578744	2814
云 南	291481362	25409715	8.7	7810520	3074
西 藏	9453670	879664	9.3	429030	4877
陕 西	299780834	17698767	5.9	5726075	3235
甘 肃	131975539	14630732	11.1	4824665	3298
青 海	33987914	1597078	4.7	493493	3090
宁 夏	56068826	11444160	20.4	3296345	2880
新 疆	164543862	15017356	9.1	3883867	2586

3-20 各地区房地产开发企业建造的住宅面积和造价

地区	住宅施工面积(平方米)	住宅竣工面积(平方米)	住宅建筑面积竣工率(%)	住宅竣工价值(万元)	住宅竣工造价(元/平方米)
全国总计	**6903193727**	**730162012**	**10.6**	**289926851**	**3971**
北京	68956397	9810532	14.2	4445145	4531
天津	87817540	14455961	16.5	6124151	4236
河北	276460632	19504230	7.1	6374310	3268
山西	186004811	20208214	10.9	6564881	3249
内蒙古	116938465	7898176	6.8	2376420	3009
辽宁	188233028	19094164	10.1	8021941	4201
吉林	91577308	6354430	6.9	1739543	2738
黑龙江	78311486	7316415	9.3	1878125	2567
上海	76031417	14214261	18.7	8533305	6003
江苏	510687486	66936755	13.1	36441565	5444
浙江	369115129	40154832	10.9	22770546	5671
安徽	351510520	53497604	15.2	19900321	3720
福建	234581033	26991324	11.5	10275988	3807
江西	192843404	19263501	10.0	5407549	2807
山东	607126199	85966904	14.2	27442141	3192
河南	485800465	53747755	11.1	14073887	2619
湖北	284512482	27123554	9.5	10129028	3734
湖南	318032850	35369874	11.1	11749989	3322
广东	638289601	55875526	8.8	30946572	5538
广西	252194764	18876869	7.5	6355046	3367
海南	59040749	3090494	5.2	2058933	6662
重庆	177097759	27243945	15.4	13624829	5001
四川	361536073	29651264	8.2	11753798	3964
贵州	200330905	6263642	3.1	1833547	2927
云南	197209394	16813042	8.5	5343481	3178
西藏	6584176	449665	6.8	216556	4816
陕西	219231527	13440028	6.1	4342420	3231
甘肃	93374202	10746444	11.5	3707883	3450
青海	24186919	1185436	4.9	383726	3237
宁夏	37603172	7628016	20.3	2194135	2876
新疆	111973834	10989155	9.8	2917090	2655

3-21　各地区按用途分的房地产开发企业房屋出租面积

单位：平方米

地　区	房　屋出租面积	住宅	办公楼	商业营业用房	其　他
全国总计	**35747986**	**2746715**	**12259681**	**14436846**	**6304744**
北　京	2859145	99226	1233856	1078466	447597
天　津	592102	1867	374416	168050	47769
河　北	46564	427		46137	
山　西	129734	86348	31838	6251	5297
内蒙古	34616	3322		24863	6431
辽　宁	265828	1417	37059	227352	
吉　林	9192			9192	
黑龙江	109261		364	108897	
上　海	20743719	1419462	7746262	7347589	4230406
江　苏	1403965	5944	237829	945015	215177
浙　江	935209	82576	92436	472050	288147
安　徽	488232	43099	145784	152561	146788
福　建	681446	835	91567	411456	177588
江　西	18718	5991		12089	638
山　东	996278	21135	450645	429243	95255
河　南	293431	158050	49575	64677	21129
湖　北	139263	12789	60252	33530	32692
湖　南	371114	21817	179679	168087	1531
广　东	2697914	137174	1346192	986333	228215
广　西	158341	55415	30554	63726	8646
海　南	139129	9627	2388	118410	8704
重　庆	640212		16196	440269	183747
四　川	168525		27961	128234	12330
贵　州	14276			12423	1853
云　南	606067	537002	13576	55489	
西　藏	37882	1151		31899	4832
陕　西	58699	5815	11794	39490	1600
甘　肃	47769	14492	5104	28173	
青　海	49				49
宁　夏	383790	21734	41431	294033	26592
新　疆	677516		32923	532862	111731

3-22 各地区按资质等级分的房地产开发企业房屋出租面积

单位：平方米

地区	总计	一级	二级	三级	四级	暂定	其他
全国总计	**35747986**	**3907099**	**5333259**	**3679312**	**2418590**	**17356297**	**3053429**
北京	2859145	142605	428138	5961	1157212	917797	207432
天津	592102		272414	1551	291791		26346
河北	46564		17841		4707	24016	
山西	129734			96633	33101		
内蒙古	34616			26039	5852	949	1776
辽宁	265828		37059	107466		120909	394
吉林	9192			192	9000		
黑龙江	109261		9855	88015		10607	784
上海	20743719	2576156	2720820	723728	6955	12581999	2134061
江苏	1403965		306030	16557		910683	170695
浙江	935209	7303	24410	469899	24010	343929	65658
安徽	488232	107733	33855	55784		212767	78093
福建	681446		43268	507084	43947	87147	
江西	18718		12089			6629	
山东	996278	298725	387178	16676	130493	163206	
河南	293431		3825	15944		273662	
湖北	139263			2441	26845	109477	500
湖南	371114	1390		58819	38581	272324	
广东	2697914	622991	43616	889624	322679	519453	299551
广西	158341		35055	23672	30168	69446	
海南	139129		62649	342	27999	48139	
重庆	640212	51222	295053	98314		195623	
四川	168525		6058	152946	9521		
贵州	14276				1337	2819	10120
云南	606067		413469		44256	125908	22434
西藏	37882			31616	4832	1434	
陕西	58699		7579	1641	48696	783	
甘肃	47769				13294	34475	
青海	49		49				
宁夏	383790	74699	158515	56653	23606	53789	16528
新疆	677516	24275	14434	231715	119708	268327	19057

3-23　各地区按资质等级分的房地产开发企业住宅出租面积

单位：平方米

地　区	总　计	一　级	二　级	三　级	四　级	暂　定	其　他
全国总计	**2746715**	**565481**	**539297**	**183087**	**62087**	**1146008**	**250755**
北　京	99226		1468		31384		66374
天　津	1867		1867				
河　北	427				427		
山　西	86348			86348			
内蒙古	3322				3322		
辽　宁	1417			692		725	
吉　林							
黑龙江							
上　海	1419462	556659	76501	32481	5596	626469	121756
江　苏	5944		3196	20		2728	
浙　江	82576	1220				81356	
安　徽	43099			1000		42099	
福　建	835			835			
江　西	5991					5991	
山　东	21135			13970		7165	
河　南	158050					158050	
湖　北	12789			2280	10509		
湖　南	21817			21817			
广　东	137174	7602		23644		43303	62625
广　西	55415		27023			28392	
海　南	9627					9627	
重　庆							
四　川							
贵　州							
云　南	537002		407508		5034	124460	
西　藏	1151					1151	
陕　西	5815				5815		
甘　肃	14492					14492	
青　海							
宁　夏	21734		21734				
新　疆							

3-24 各地区房地产开发企业90平方米及以下住房开发规模及竣工情况

地区	施工面积(平方米)	新开工面积(平方米)	竣工面积(平方米)	不可销售面积(平方米)	竣工套数(套)	出租面积(平方米)
全国总计	**1190411859**	**206852038**	**116244374**	**5186287**	**1620827**	**1648421**
北京	38410479	4474052	5736997	779741	72740	67539
天津	26564790	4115544	3531884	162254	46410	
河北	52306998	9777782	3829294	108530	52548	210
山西	21454111	2669422	1767883	324446	24945	86348
内蒙古	14271005	1451769	860533	9804	11407	
辽宁	64551796	8248165	6901744	641896	112362	569
吉林	30874823	7877676	2181690	46921	27489	
黑龙江	32983892	4421083	2492430	271555	31930	
上海	38056364	8374215	7554981	220146	103911	602003
江苏	59497320	12777815	8151695	29898	107114	203
浙江	60615082	13222428	6083499	216251	75382	81356
安徽	41422561	7430374	5470480	40237	68445	
福建	57761183	11247632	5913927	122639	79610	
江西	18632073	2915683	1972874	17692	24738	182
山东	58824186	6725439	10055744	954874	139331	21135
河南	75955705	12561418	9546852	214023	122260	90624
湖北	34598011	6902067	2381180	114788	31451	12789
湖南	21402989	3532013	2002514	1312	28806	
广东	136428109	25903585	9771428	475254	192588	92033
广西	41589107	5293302	2514613	15328	35954	28392
海南	20980114	1198494	1317982	4232	17814	7389
重庆	49442341	8255739	5974397	35337	75227	
四川	84785362	21864128	4868351	21819	62832	
贵州	19855282	2897188	256281		4410	
云南	33918575	5387701	1621982	37728	23022	532208
西藏	1156857	271697	96819		1680	1151
陕西	29317188	3427388	1135298	124571	15879	5815
甘肃	7757143	1454200	722377	19220	10199	
青海	2782695	212091	58772	17043	754	
宁夏	2042972	74674	168031	62098	2585	18475
新疆	12172746	1887274	1301842	96650	17004	

3-25　各地区按用途分的房地产开发企业商品房销售面积

单位：平方米

地　区	商品房销售面积	住　宅	办公楼	商业营业用房	其　他
全国总计	**1794334099**	**1565321717**	**33746647**	**90455541**	**104810194**
北　京	11070675	8771015	553012	271059	1475589
天　津	14354193	13339667	281993	506397	226136
河　北	61331472	57796022	344996	1605442	1585012
山　西	32044132	30349161	345194	716927	632850
内蒙古	18589464	17133597	55325	1059980	340562
辽　宁	34338670	31486289	290861	1623862	937658
吉　林	18363187	16727731	156663	865418	613375
黑龙江	13480892	12045488	101806	905347	428251
上　海	18804536	14899460	908944	798661	2197471
江　苏	165518235	143615030	3710318	8187457	10005430
浙　江	99906473	84236761	3019243	4324684	8325785
安　徽	104608953	95076690	1085122	4316358	4130783
福　建	69764356	55976074	1927579	3488003	8372700
江　西	76762079	66812642	1924937	5452041	2572459
山　东	142728495	126320491	2406850	5403849	8597305
河　南	132771853	122588296	922033	6903729	2357795
湖　北	79407796	73316139	1068659	2779520	2243478
湖　南	91887931	83167099	1017157	5232293	2471382
广　东	140112553	118262567	4575167	7256934	10017885
广　西	61782641	52815044	627208	3245358	5095031
海　南	8889230	6721404	657537	866158	644131
重　庆	61977061	49454160	1104475	3718690	7699736
四　川	136929116	109121354	3689061	9023681	15095020
贵　州	55859863	48255252	612733	4423166	2568712
云　南	38808352	32086031	907886	2653499	3160936
西　藏	1408143	1154987	70326	154970	27860
陕　西	42600641	38866277	804593	1326156	1603615
甘　肃	22240901	21183801	155340	662118	239642
青　海	3861575	3290635	66135	316906	187899
宁　夏	10144487	8457675	143891	858526	684395
新　疆	23986144	21994878	211603	1508352	271311

3-26 各地区按资质等级分的房地产开发企业商品房销售面积

单位：平方米

地区	总计	一级	二级	三级	四级	暂定	其他
全国总计	**1794334099**	**51162724**	**204700135**	**214017927**	**163133889**	**988528463**	**172790961**
北京	11070675	579516	558576	417515	3289367	5832302	393399
天津	14354193	120637	826056	673139	7709443	3414776	1610142
河北	61331472	2696445	5995430	6856049	14557597	28845368	2380583
山西	32044132	1098211	2458197	1886738	12212419	14184810	203757
内蒙古	18589464	455610	1622737	2592139	7379582	4760558	1778838
辽宁	34338670	722045	2414201	6027575	194907	16612874	8367068
吉林	18363187	346679	1990519	1902435	1826672	11829490	467392
黑龙江	13480892	148092	1779409	5072228	613925	4403503	1463735
上海	18804536	242998	1567659	1280812	16714	14954394	741959
江苏	165518235	4780608	36591808	2176879	65884	105384482	16518574
浙江	99906473	1795357	3035982	8032318	3588470	56791490	26662856
安徽	104608953	2698367	7787282	9221935	1792705	72592492	10516172
福建	69764356	1208117	5397980	9528045	2194406	46010589	5425219
江西	76762079	802572	2164634	7011760	4382685	54557814	7842614
山东	142728495	8210862	12991562	13769723	13248201	79026489	15481658
河南	132771853	3734431	12750398	8075230	3790927	86349184	18071683
湖北	79407796	2430564	6696506	5024808	7987832	49448992	7819094
湖南	91887931	1888834	5381832	15082970	18901711	47181182	3451402
广东	140112553	2397142	5536126	11646784	22877299	77950174	19705028
广西	61782641	1904738	3843018	7655763	2721980	44628733	1028409
海南	8889230	620538	1257261	748136	588053	4820470	854772
重庆	61977061	3979620	21323695	5795554	165958	29491383	1220851
四川	136929116	2817838	37827118	63994038	523424	26481132	5285566
贵州	55859863	1294505	6357407	5591160	3889968	37283453	1443370
云南	38808352	537074	3341899	2154002	9790219	18879637	4105521
西藏	1408143	28062	241712	234883	524296	379190	
陕西	42600641	1088944	4745302	4531714	7789195	16140866	8304620
甘肃	22240901	1141320	1841463	3215800	4941144	10933017	168157
青海	3861575	128189	866634	548439	516700	1670831	130782
宁夏	10144487	540474	3139475	1458262	1302052	3607701	96523
新疆	23986144	724335	2368257	1811094	3750154	14081087	1251217

3-27　各地区按用途分的房地产开发企业商品房现房销售面积

单位：平方米

地　区	现房销售面　积	住　宅	办公楼	商业营业用房	其　他
全国总计	**233126914**	**163567390**	**9924548**	**27702852**	**31932124**
北　京	2991048	1830246	457474	204610	498718
天　津	3889633	3253326	243200	243384	149723
河　北	4236896	3617811	66474	284556	268055
山　西	2785396	2476742	45246	139496	123912
内蒙古	3027266	2540227	31018	371570	84451
辽　宁	6986221	5880583	158798	697772	249068
吉　林	4165645	3589446	19966	410986	145247
黑龙江	4663789	4045665	34007	400498	183619
上　海	7155225	3917547	612746	560349	2064583
江　苏	29428238	20539975	1562860	3855395	3470008
浙　江	9151252	5693070	1063742	1426125	968315
安　徽	10776524	7734131	324457	1373790	1344146
福　建	7826523	4332769	341401	1042314	2110039
江　西	9126153	6867674	277985	1099976	880518
山　东	14389937	11164435	508652	1364518	1352332
河　南	20467251	17464537	180545	2088359	733810
湖　北	8496892	6612997	290638	815576	777681
湖　南	8833182	6772064	280373	1259659	521086
广　东	23630525	14960850	1485267	2473105	4711303
广　西	6284835	4344012	130090	919759	890974
海　南	2060021	1638940	84466	190184	146431
重　庆	12236020	5254952	572086	1777454	4631528
四　川	9823512	4474355	370225	1411672	3567260
贵　州	4545471	2992354	147907	811304	593906
云　南	4727064	3016062	235754	801390	673858
西　藏	218294	106732	20470	77853	13239
陕　西	2968498	2330996	142190	211328	283984
甘　肃	3134094	2810789	34509	221241	67555
青　海	404148	244359	2315	150094	7380
宁　夏	2106640	1119867	124868	535940	325965
新　疆	2590721	1939877	74819	482595	93430

3-28 各地区按资质等级分的房地产开发企业商品房现房销售面积

单位：平方米

地区	总计	一级	二级	三级	四级	暂定	其他
全国总计	**233126914**	**9862374**	**35296369**	**36399332**	**29832918**	**102302714**	**19433207**
北京	2991048	296535	383050	132468	1672701	481613	24681
天津	3889633	40370	337058	238665	2556343	536705	180492
河北	4236896	100189	833722	652011	1046283	1438163	166528
山西	2785396	202524	474523	353402	1115445	638225	1277
内蒙古	3027266	116934	159236	538209	1442704	392230	377953
辽宁	6986221	108518	623121	2091604	123117	3275417	764444
吉林	4165645	4730	449695	626186	690545	2353804	40685
黑龙江	4663789	48564	985294	1970190	302832	932076	424833
上海	7155225	64730	624954	783607	16714	5280423	384797
江苏	29428238	2003451	8520247	1065277	9282	14483101	3346880
浙江	9151252	174083	328903	1635832	1309215	4240056	1463163
安徽	10776524	198493	1304994	2251055	265810	6253371	502801
福建	7826523	278231	728810	2746227	763277	2934952	375026
江西	9126153	2682	335097	1687864	1274194	4700697	1125619
山东	14389937	913158	1268222	2279667	2069290	6897714	961886
河南	20467251	584518	1811854	1245640	793650	12437409	3594180
湖北	8496892	413174	1438003	972254	1761883	3291840	619738
湖南	8833182	409837	862535	2223583	2018501	2917499	401227
广东	23630525	597093	1262428	3107197	5382034	10402067	2879706
广西	6284835	131041	465902	900282	695631	4018221	73758
海南	2060021	99996	262624	265045	132040	1030996	269320
重庆	12236020	1384127	5374143	1178930	19631	4089339	189850
四川	9823512	670849	2264415	4822272	20007	1672851	373118
贵州	4545471	398555	1125968	427705	347859	2100291	145093
云南	4727064	19466	695726	279765	1203754	2251086	277267
西藏	218294		55827	45815	23203	93449	
陕西	2968498	98178	621799	615428	673218	629113	330762
甘肃	3134094	241434	263783	536644	1018393	1026175	47665
青海	404148		238130	19671	138749	7598	
宁夏	2106640	238611	760574	502149	259999	339257	6050
新疆	2590721	22303	435732	204688	686614	1156976	84408

3-29　各地区按用途分的房地产开发企业商品房期房销售面积

单位：平方米

地　区	期房销售面　积	住　宅	办公楼	商业营业用房	其　他
全国总计	**1561207185**	**1401754327**	**23822099**	**62752689**	**72878070**
北　京	8079627	6940769	95538	66449	976871
天　津	10464560	10086341	38793	263013	76413
河　北	57094576	54178211	278522	1320886	1316957
山　西	29258736	27872419	299948	577431	508938
内蒙古	15562198	14593370	24307	688410	256111
辽　宁	27352449	25605706	132063	926090	688590
吉　林	14197542	13138285	136697	454432	468128
黑龙江	8817103	7999823	67799	504849	244632
上　海	11649311	10981913	296198	238312	132888
江　苏	136089997	123075055	2147458	4332062	6535422
浙　江	90755221	78543691	1955501	2898559	7357470
安　徽	93832429	87342559	760665	2942568	2786637
福　建	61937833	51643305	1586178	2445689	6262661
江　西	67635926	59944968	1646952	4352065	1691941
山　东	128338558	115156056	1898198	4039331	7244973
河　南	112304602	105123759	741488	4815370	1623985
湖　北	70910904	66703142	778021	1963944	1465797
湖　南	83054749	76395035	736784	3972634	1950296
广　东	116482028	103301717	3089900	4783829	5306582
广　西	55497806	48471032	497118	2325599	4204057
海　南	6829209	5082464	573071	675974	497700
重　庆	49741041	44199208	532389	1941236	3068208
四　川	127105604	104646999	3318836	7612009	11527760
贵　州	51314392	45262898	464826	3611862	1974806
云　南	34081288	29069969	672132	1852109	2487078
西　藏	1189849	1048255	49856	77117	14621
陕　西	39632143	36535281	662403	1114828	1319631
甘　肃	19106807	18373012	120831	440877	172087
青　海	3457427	3046276	63820	166812	180519
宁　夏	8037847	7337808	19023	322586	358430
新　疆	21395423	20055001	136784	1025757	177881

3-30 各地区按资质等级分的房地产开发企业商品房期房销售面积

单位：平方米

地　区	总 计	一 级	二 级	三 级	四 级	暂 定	其 他
全国总计	**1561207185**	**41300350**	**169403766**	**177618595**	**133300971**	**886225749**	**153357754**
北　京	8079627	282981	175526	285047	1616666	5350689	368718
天　津	10464560	80267	488998	434474	5153100	2878071	1429650
河　北	57094576	2596256	5161708	6204038	13511314	27407205	2214055
山　西	29258736	895687	1983674	1533336	11096974	13546585	202480
内蒙古	15562198	338676	1463501	2053930	5936878	4368328	1400885
辽　宁	27352449	613527	1791080	3935971	71790	13337457	7602624
吉　林	14197542	341949	1540824	1276249	1136127	9475686	426707
黑龙江	8817103	99528	794115	3102038	311093	3471427	1038902
上　海	11649311	178268	942705	497205		9673971	357162
江　苏	136089997	2777157	28071561	1111602	56602	90901381	13171694
浙　江	90755221	1621274	2707079	6396486	2279255	52551434	25199693
安　徽	93832429	2499874	6482288	6970880	1526895	66339121	10013371
福　建	61937833	929886	4669170	6781818	1431129	43075637	5050193
江　西	67635926	799890	1829537	5323896	3108491	49857117	6716995
山　东	128338558	7297704	11723340	11490056	11178911	72128775	14519772
河　南	112304602	3149913	10938544	6829590	2997277	73911775	14477503
湖　北	70910904	2017390	5258503	4052554	6225949	46157152	7199356
湖　南	83054749	1478997	4519297	12859387	16883210	44263683	3050175
广　东	116482028	1800049	4273698	8539587	17495265	67548107	16825322
广　西	55497806	1773697	3377116	6755481	2026349	40610512	954651
海　南	6829209	520542	994637	483091	456013	3789474	585452
重　庆	49741041	2595493	15949552	4616624	146327	25402044	1031001
四　川	127105604	2146989	35562703	59171766	503417	24808281	4912448
贵　州	51314392	895950	5231439	5163455	3542109	35183162	1298277
云　南	34081288	517608	2646173	1874237	8586465	16628551	3828254
西　藏	1189849	28062	185885	189068	501093	285741	
陕　西	39632143	990766	4123503	3916286	7115977	15511753	7973858
甘　肃	19106807	899886	1577680	2679156	3922751	9906842	120492
青　海	3457427	128189	628504	528768	377951	1663233	130782
宁　夏	8037847	301863	2378901	956113	1042053	3268444	90473
新　疆	21395423	702032	1932525	1606406	3063540	12924111	1166809

3-31 各地区按资质等级分的房地产开发企业商品住宅销售面积

单位：平方米

地区	总计	一级	二级	三级	四级	暂定	其他
全国总计	**1565321717**	**41581666**	**172385071**	**178274282**	**140744538**	**880290698**	**152045462**
北京	8771015	471759	381296	364664	2420418	4769771	363107
天津	13339667	120637	821166	623138	7058723	3198421	1517582
河北	57796022	2537752	5739280	6389636	13460752	27378252	2290350
山西	30349161	1044408	2347748	1844627	11392524	13520496	199358
内蒙古	17133597	367080	1567244	2281377	6663027	4584774	1670095
辽宁	31486289	662664	2245168	5528033	181914	15108373	7760137
吉林	16727731	314542	1693242	1734087	1689007	10846278	450575
黑龙江	12045488	142993	1619022	4385830	544436	4000716	1352491
上海	14899460	191859	1137060	963026	336	12141225	465954
江苏	143615030	3611481	30465426	1788121	63599	93344433	14341970
浙江	84236761	1513373	2652761	5824374	2778142	48507122	22960989
安徽	95076690	2443204	6741389	7604581	1578989	67105309	9603218
福建	55976074	1013854	3978369	6737570	1659396	38082873	4504012
江西	66812642	701832	1871837	6079745	3141890	48397497	6619841
山东	126320491	6832784	11118905	12203828	11130135	70891202	14143637
河南	122588296	3421415	11579805	7464423	3426361	80328036	16368256
湖北	73316139	2194750	5943279	4625107	7309320	45801156	7442527
湖南	83167099	1670174	4753063	13467588	16826062	43315108	3135104
广东	118262567	1905749	4786058	9693716	17644129	67447025	16785890
广西	52815044	1232982	2911134	6306497	2248287	39226767	889377
海南	6721404	477459	1014716	618874	548740	3606364	455251
重庆	49454160	2381680	16681729	4834987	130297	24431867	993600
四川	109121354	1575972	31094899	49856535	449958	22012731	4131259
贵州	48255252	928184	4998722	4732649	3303320	33073744	1218633
云南	32086031	436830	2480519	1668107	8144591	15912738	3443246
西藏	1154987	28062	238889	207141	468874	212021	
陕西	38866277	1041852	4286460	4123937	6868082	15104426	7441520
甘肃	21183801	1122274	1702680	3056157	4694247	10448319	160124
青海	3290635	101401	682958	485906	481760	1444204	94406
宁夏	8457675	413800	2638943	1105323	1067414	3147725	84470
新疆	21994878	678860	2211304	1674698	3369808	12901725	1158483

3-32 各地区按资质等级分的房地产开发企业90平方米及以下住宅销售面积

单位：平方米

地区	总计	一级	二级	三级	四级	暂定	其他
全国总计	**203898453**	**4996685**	**27667824**	**26485630**	**14212803**	**109947747**	**20587764**
北京	3626717	202287	157057	181419	833841	2022255	229858
天津	2997928	20782	244530	200351	1285681	851924	394660
河北	7939267	790347	760392	1017063	1237082	3838863	295520
山西	1749943	30595	71814	152191	603449	850618	41276
内蒙古	1382810	15629	55543	210366	477999	367838	255435
辽宁	7930752	164533	592155	1534512	60978	3580802	1997772
吉林	4998477	103678	520752	652630	468236	3087473	165708
黑龙江	3374757	22113	459025	1183579	320687	1016937	372416
上海	5084162	147090	394001	206853		4248930	87288
江苏	12142848	291395	2755712	390073		7506229	1199439
浙江	11647933	98420	436289	965408	275797	6626643	3245376
安徽	7777369	39326	702023	718785	76019	5230058	1011158
福建	14933329	435988	1053872	1436292	342302	10359313	1305562
江西	5633297	69363	105899	166283	186975	4600399	504378
山东	7539005	171875	318520	1008279	746790	4192128	1101413
河南	13863256	600413	1719927	1452909	448071	8523320	1118616
湖北	5866557	162506	728638	390101	544429	3189761	851122
湖南	3604861	100801	283382	871039	470595	1695591	183453
广东	19268224	214799	950681	1199206	2608267	10547176	3748095
广西	8166591	244463	509649	593305	243301	6495977	79896
海南	1325752	90158	88701	133288	167092	761136	85377
重庆	10684255	405566	3307218	851190	26206	5842304	251771
四川	29330436	430463	9928444	9947660	156164	7914137	953568
贵州	3413887	24453	420026	287541	263734	2169982	248151
云南	4033125	12558	412338	186530	1334166	1865731	221802
西藏	208465	19460	19970	41415	57817	69803	
陕西	2164280	21066	389891	200832	308028	759434	485029
甘肃	1510137	2631	60962	162819	459825	821317	2583
青海	194266	14346	27649	35782	18773	65029	32687
宁夏	176279	6492	105263	34211	10946	16659	2708
新疆	1329488	43089	87501	73718	179553	829980	115647

3-33　各地区按资质等级分的房地产开发企业144平方米以上住宅销售面积

单位：平方米

地　区	总 计	一 级	二 级	三 级	四 级	暂 定	其 他
全国总计	**210973034**	**7219818**	**27107595**	**25555840**	**24274301**	**106223973**	**20591507**
北　京	2421900	141566	105465	135399	946291	1082773	10406
天　津	1401746	22692	143510	110047	913554	113002	98941
河　北	4685605	116497	454453	445977	1203035	2132369	333274
山　西	3935994	146016	478146	212986	1426319	1651658	20869
内蒙古	3878947	50676	383875	648787	1844976	702659	247974
辽　宁	3720543	107099	440353	731279	18120	1750903	672789
吉　林	1597781	41313	205453	131003	85152	1099706	35154
黑龙江	968705	23557	169996	490306	19453	155533	109860
上　海	2045150	29058	312663	241467		1383291	78671
江　苏	21226164	684608	5400144	350127	5202	12494019	2292064
浙　江	14394673	384354	611819	1319872	770262	7898735	3409631
安　徽	6480494	271951	517662	531241	64443	4459556	635641
福　建	5541347	134491	595822	937175	326262	3145891	401706
江　西	6286430	52214	363462	763191	402654	4220125	484784
山　东	27478197	1761053	3104393	2469153	2535896	14560503	3047199
河　南	13512839	266126	1429561	879385	739271	8652841	1545655
湖　北	7082150	339056	756645	537245	735195	3763260	950749
湖　南	16629421	333952	1319435	2700730	3229370	8410670	635264
广　东	15493308	322997	665406	2184532	2988209	7540436	1791728
广　西	5209977	100606	482778	762770	258764	3534035	71024
海　南	979734	54253	325696	114179	26572	389092	69942
重　庆	5286220	253987	2727451	589609		1688327	26846
四　川	9452792	195090	2279172	4979710	7944	1403878	586998
贵　州	6952793	546872	692174	844249	411312	4365071	93115
云　南	10862865	155146	889700	866909	2967963	4850368	1132779
西　藏	343504	8602	127691	66626	113344	27241	
陕　西	7571283	297755	944281	832464	1440831	2390364	1665588
甘　肃	1492391	93972	203707	244091	299069	649268	2284
青　海	460499	3403	115849	99495	70127	161427	10198
宁　夏	1129791	47667	483836	104964	68470	410000	14854
新　疆	2449791	233189	376997	230872	356241	1136972	115520

3-34 各地区按资质等级分的房地产开发企业办公楼销售面积

单位：平方米

地区	总计	一级	二级	三级	四级	暂定	其他
全国总计	**33746647**	**1647552**	**4337917**	**4654081**	**3302488**	**15786276**	**4018333**
北京	553012	2306	59598	26714	283182	176929	4283
天津	281993		526		130578	112153	38736
河北	344996	2466	41763	5553	92630	202379	205
山西	345194	2059	50554	5941	213634	73006	
内蒙古	55325		320	27432	19890		7683
辽宁	290861		11806	63996		211598	3461
吉林	156663		6311	21239	2507	126505	101
黑龙江	101806		5835	49523		40505	5943
上海	908944		17469	76769		739854	74852
江苏	3710318	220499	941868	122585	101	1937917	487348
浙江	3019243	1394	73167	469522	175291	1771337	528532
安徽	1085122	88977	98165	128044	12358	641138	116440
福建	1927579	7465	560103	293183	131691	807590	127547
江西	1924937	13294	54785	38700	69142	1577235	171781
山东	2406850	299647	266777	90672	180666	1379921	189167
河南	922033	38541	130690	75704	20226	464985	191887
湖北	1068659	84362	186859	41282	14919	629736	111501
湖南	1017157	31375	17048	281515	225094	442522	19603
广东	4575167	175035	71334	324782	1032887	1848887	1122242
广西	627208	16852	20757	157564	92119	330364	9552
海南	657537	4028	43529	45445	5282	415387	143866
重庆	1104475	305539	328457	20616		448686	1177
四川	3689061	259697	909622	2027831		261022	230889
贵州	612733	9626	145670	54477	12865	346330	43765
云南	907886	50775	150558	19064	246990	365018	75481
西藏	70326				7633	62693	
陕西	804593		38852	53830	256867	178619	276425
甘肃	155340	17143	14294	36625	49664	37614	
青海	66135		31718	6147		11439	16831
宁夏	143891	16472	16263	73259	14688	23209	
新疆	211603		43219	16067	11584	121698	19035

3-35　各地区按资质等级分的房地产开发企业商业营业用房销售面积

单位：平方米

地　区	总　计	一　级	二　级	三　级	四　级	暂　定	其　他
全国总计	**90455541**	**2422379**	**12208671**	**14082763**	**9944390**	**43969455**	**7827883**
北　京	271059	8356	47552	6934	164853	43329	35
天　津	506397		2070	44200	368382	82042	9703
河　北	1605442	102449	92337	238215	574474	572904	25063
山　西	716927	38320	35161	25495	337317	276235	4399
内蒙古	1059980	59099	49673	236587	539338	115889	59394
辽　宁	1623862	55731	101145	319796	11928	818054	317208
吉　林	865418	22716	96476	99520	74933	558808	12965
黑龙江	905347	5099	123662	411585	51150	228878	84973
上　海	798661	41585	42730	58150		611096	45100
江　苏	8187457	427128	2154826	212048	1984	4609748	781723
浙　江	4324684	61287	154690	557322	306657	2263625	981103
安　徽	4316358	52269	547810	750650	128058	2486891	350680
福　建	3488003	83553	282661	865560	179850	1917988	158391
江　西	5452041	51491	211614	657879	561005	3294276	675776
山　东	5403849	296902	509106	649888	772533	2653218	522202
河　南	6903729	217082	724453	412938	253327	4146144	1149785
湖　北	2779520	27136	240505	213617	389806	1735029	173427
湖　南	5232293	93153	284248	880293	1239103	2543099	192397
广　东	7256934	65300	162934	723037	1506725	3836808	962130
广　西	3245358	111254	222684	396776	242503	2166516	105625
海　南	866158	6267	92968	26842	21845	565166	153070
重　庆	3718690	191480	1613562	375714	23098	1419154	95682
四　川	9023681	226415	2412241	4674575	3675	1410939	295836
贵　州	4423166	96755	925560	481533	362243	2466900	90175
云　南	2653499	5942	238218	161373	825413	1178588	243965
西　藏	154970		2823	14503	36908	100736	
陕　西	1326156	2752	218398	135846	384553	336848	247759
甘　肃	662118	1903	75120	95544	143875	342668	3008
青　海	316906	26788	146060	18493	22804	87802	14959
宁　夏	858526	33098	300418	240981	101018	175205	7806
新　疆	1508352	11069	96966	96869	315032	924872	63544

3-36 各地区按用途分的房地产开发企业商品房销售额

单位：万元

地区	商品房销售额	住宅	办公楼	商业营业用房	其他
全国总计	**1819299494**	**1627299011**	**47014626**	**96923605**	**48062252**
北京	44864715	41172334	1491646	879274	1321461
天津	23227564	21837418	473844	716542	199760
河北	50528959	48143227	248779	1424874	712079
山西	21709081	20300960	305638	752230	350253
内蒙古	12147659	11163772	31819	795212	156856
辽宁	30663777	28492829	258658	1439088	473202
吉林	12909945	11792892	143790	714527	258736
黑龙江	8580801	7518873	97937	742073	221918
上海	67887292	61049450	3389348	2142841	1305653
江苏	213613202	196260867	3846644	9131989	4373702
浙江	190522360	171727920	5855300	7288214	5650926
安徽	81431905	75146209	904095	4006780	1374821
福建	82172550	70825893	2134960	4328323	4883374
江西	58941262	51099739	1668673	4652076	1520774
山东	121556183	110441422	2592938	5231154	3290669
河南	86577133	78920320	960356	5480616	1215841
湖北	72502563	66719307	1528745	3149706	1104805
湖南	60405125	53904398	1070466	4443810	986451
广东	223202665	194576338	10767943	11439694	6418690
广西	36724887	31644134	540408	2907509	1632836
海南	15592429	11795927	1144449	1890548	761505
重庆	53912555	47860626	916549	3053587	2081793
四川	107967310	90613382	3690666	9257304	4405958
贵州	32439264	27133662	442732	3961456	901414
云南	29625249	25247386	732444	2440696	1204723
西藏	1217300	975121	58269	169591	14319
陕西	41462643	37621376	1214893	1783511	842863
甘肃	13448910	12677795	179965	518375	72775
青海	2943747	2583456	62656	247824	49811
宁夏	6751346	5849289	92861	624168	185028
新疆	13769113	12202689	167155	1310013	89256

3-37 各地区按资质等级分的房地产开发企业商品房销售额

单位：万元

地　区	总　计	一　级	二　级	三　级	四　级	暂　定	其　他
全国总计	**1819299494**	**51301224**	**193250170**	**180845914**	**143243593**	**1031172552**	**219486041**
北　京	44864715	1564605	1945082	1993808	11619634	26181169	1560417
天　津	23227564	177309	1317310	1136160	11940165	5939783	2716837
河　北	50528959	2396972	4985648	5357855	11148622	24892278	1747584
山　西	21709081	570321	1702325	1075715	7896311	10282373	182036
内蒙古	12147659	387768	1162799	1514770	4568558	3431181	1082583
辽　宁	30663777	461768	2040542	4179752	81875	15054711	8845129
吉　林	12909945	324767	1504111	1117997	936146	8732203	294721
黑龙江	8580801	96710	1124644	3171661	212316	3115984	859486
上　海	67887292	835451	5365503	4781724	5306	53415683	3483625
江　苏	213613202	4886294	42428378	1976540	75247	142839684	21407059
浙　江	190522360	3304540	4892196	12366003	4239496	112301437	53418688
安　徽	81431905	2966514	5378290	5785339	1022779	57508886	8770097
福　建	82172550	1870794	7111385	8567639	2647017	55189413	6786302
江　西	58941262	713192	1783682	4829049	3417605	42567862	5629872
山　东	121556183	7258264	11283711	9867328	8580361	68883191	15683328
河　南	86577133	2551030	8122011	4817687	1993000	57949995	11143410
湖　北	72502563	3358822	6880880	3397366	4393209	48948019	5524267
湖　南	60405125	1628438	3608809	8935052	11226568	33182801	1823457
广　东	223202665	4717189	10975594	21205644	33037266	109943555	43323417
广　西	36724887	1126784	2710342	4135207	1471674	26671252	609628
海　南	15592429	758470	2276676	1270583	900902	8144684	2241114
重　庆	53912555	3326747	19266514	3831077	107101	26342295	1038821
四　川	107967310	2229650	29485069	53762160	298515	17288691	4903225
贵　州	32439264	626796	4107606	3019638	1881216	21967617	836391
云　南	29625249	480820	2622646	1291535	6931904	14854476	3443868
西　藏	1217300	21625	235549	219423	404847	335856	
陕　西	41462643	1218915	3758141	3316798	6009102	16114759	11044928
甘　肃	13448910	579662	1075152	1936974	2966421	6817249	73452
青　海	2943747	137798	661798	345601	299491	1384501	114558
宁　夏	6751346	324283	2179865	750056	820472	2607009	69661
新　疆	13769113	398926	1257912	889773	2110467	8283955	828080

3-38 各地区按用途分的房地产开发企业商品房现房销售额

单位：万元

地　区	现房销售额	住　宅	办公楼	商业营业用房	其　他
全国总计	**206164289**	**151001599**	**14743959**	**26872992**	**13545739**
北　京	9569927	7497023	1185624	581043	306237
天　津	5184984	4291433	437829	332477	123245
河　北	3053560	2693260	38635	219048	102617
山　西	1391190	1204708	31542	112937	42003
内蒙古	1397750	1090907	13806	256761	36276
辽　宁	4713497	4016654	101449	493066	102328
吉　林	2387986	1997836	23215	297384	69551
黑龙江	2464756	2023505	37714	316810	86727
上　海	16266582	11443847	2235893	1350308	1236534
江　苏	27603975	20687692	1667758	3775975	1472550
浙　江	12753933	8808604	1564479	1785211	595639
安　徽	6528843	4510323	269865	1334748	413907
福　建	6805823	4436756	398993	944274	1025800
江　西	6304165	4676131	195537	830338	602159
山　东	9875262	7687054	556636	1094494	537078
河　南	10654295	8536429	224566	1532338	360962
湖　北	5432159	4064699	324168	746195	297097
湖　南	5307311	3820815	298231	974489	213776
广　东	34331002	24669447	3261130	3555102	2845323
广　西	3274272	1969568	128137	945805	230762
海　南	3842450	3171297	211510	380329	79314
重　庆	8490600	5457948	493358	1354717	1184577
四　川	7100089	4398352	400748	1367280	933709
贵　州	2186531	1366250	74953	589864	155464
云　南	2853462	1856708	206820	559264	230670
西　藏	213856	119558	13971	76725	3602
陕　西	2204550	1712479	162520	201108	128443
甘　肃	1465556	1258348	47573	137098	22537
青　海	193576	133495	2010	56419	1652
宁　夏	1007436	528490	79838	324659	74449
新　疆	1304911	871983	55451	346726	30751

3-39　各地区按资质等级分的房地产开发企业商品房现房销售额

单位：万元

地　区	总　计	一　级	二　级	三　级	四　级	暂　定	其　他
全国总计	**206164289**	**8290568**	**30793784**	**29404394**	**28303122**	**89370308**	**20002113**
北　京	9569927	848880	1318978	557533	5716357	1036849	91330
天　津	5184984	42368	409426	334770	3425220	716411	256789
河　北	3053560	180228	618457	460500	693977	1007087	93311
山　西	1391190	85124	240001	156836	603475	305141	613
内蒙古	1397750	105621	64067	232747	639582	191882	163851
辽　宁	4713497	59875	528395	1266262	47923	2196315	614727
吉　林	2387986	3888	266488	274716	303475	1524905	14514
黑龙江	2464756	36838	533270	1079811	99920	551157	163760
上　海	16266582	223588	1291647	1570440	5306	12274036	901565
江　苏	27603975	1843922	7946416	1049064	5171	13782822	2976580
浙　江	12753933	202147	424025	1938467	1403692	6386074	2399528
安　徽	6528843	172349	652854	1275447	124978	4078370	224845
福　建	6805823	173606	898540	1968328	739596	2626148	399605
江　西	6304165	1829	215121	862846	1232321	3242076	749972
山　东	9875262	683176	931977	1401787	1160350	4972336	725636
河　南	10654295	373285	1088608	688482	418710	6318294	1766916
湖　北	5432159	341791	983698	675577	774817	2324970	331306
湖　南	5307311	324850	540136	1407183	1151501	1666471	217170
广　东	34331002	954890	2153591	5997832	7069031	12287584	5868074
广　西	3274272	46682	261418	405441	297294	2224666	38771
海　南	3842450	214856	499681	480750	175082	1768040	704041
重　庆	8490600	614311	4303006	776596	9616	2659337	127734
四　川	7100089	331359	2098520	3171166	21257	1035367	442420
贵　州	2186531	161896	676549	214911	143760	932778	56637
云　南	2853462	11036	431651	177226	753873	1289087	190589
西　藏	213856		75985	31743	20174	85954	
陕　西	2204550	43156	438381	322503	375967	606980	417563
甘　肃	1465556	72904	141672	299455	454672	472848	24005
青　海	193576		127988	11249	50373	3966	
宁　夏	1007436	124251	426579	209495	101222	142736	3153
新　疆	1304911	11862	206659	105231	284430	659621	37108

3-40 各地区按用途分的房地产开发企业商品房期房销售额

单位：万元

地　区	期　房 销售额	住　宅	办公楼	商业营 业用房	其　他
全国总计	**1613135205**	**1476297412**	**32270667**	**70050613**	**34516513**
北　京	35294788	33675311	306022	298231	1015224
天　津	18042580	17545985	36015	384065	76515
河　北	47475399	45449967	210144	1205826	609462
山　西	20317891	19096252	274096	639293	308250
内蒙古	10749909	10072865	18013	538451	120580
辽　宁	25950280	24476175	157209	946022	370874
吉　林	10521959	9795056	120575	417143	189185
黑龙江	6116045	5495368	60223	425263	135191
上　海	51620710	49605603	1153455	792533	69119
江　苏	186009227	175573175	2178886	5356014	2901152
浙　江	177768427	162919316	4290821	5503003	5055287
安　徽	74903062	70635886	634230	2672032	960914
福　建	75366727	66389137	1735967	3384049	3857574
江　西	52637097	46423608	1473136	3821738	918615
山　东	111680921	102754368	2036302	4136660	2753591
河　南	75922838	70383891	735790	3948278	854879
湖　北	67070404	62654608	1204577	2403511	807708
湖　南	55097814	50083583	772235	3469321	772675
广　东	188871663	169906891	7506813	7884592	3573367
广　西	33450615	29674566	412271	1961704	1402074
海　南	11749979	8624630	932939	1510219	682191
重　庆	45421955	42402678	423191	1698870	897216
四　川	100867221	86215030	3289918	7890024	3472249
贵　州	30252733	25767412	367779	3371592	745950
云　南	26771787	23390678	525624	1881432	974053
西　藏	1003444	855563	44298	92866	10717
陕　西	39258093	35908897	1052373	1582403	714420
甘　肃	11983354	11419447	132392	381277	50238
青　海	2750171	2449961	60646	191405	48159
宁　夏	5743910	5320799	13023	299509	110579
新　疆	12464202	11330706	111704	963287	58505

3-41　各地区按资质等级分的房地产开发企业商品房期房销售额

单位：万元

地　区	总　计	一　级	二　级	三　级	四　级	暂　定	其　他
全国总计	**1613135205**	**43010656**	**162456386**	**151441520**	**114940471**	**941802244**	**199483928**
北　京	35294788	715725	626104	1436275	5903277	25144320	1469087
天　津	18042580	134941	907884	801390	8514945	5223372	2460048
河　北	47475399	2216744	4367191	4897355	10454645	23885191	1654273
山　西	20317891	485197	1462324	918879	7292836	9977232	181423
内蒙古	10749909	282147	1098732	1282023	3928976	3239299	918732
辽　宁	25950280	401893	1512147	2913490	33952	12858396	8230402
吉　林	10521959	320879	1237623	843281	632671	7207298	280207
黑龙江	6116045	59872	591374	2091850	112396	2564827	695726
上　海	51620710	611863	4073856	3211284		41141647	2582060
江　苏	186009227	3042372	34481962	927476	70076	129056862	18430479
浙　江	177768427	3102393	4468171	10427536	2835804	105915363	51019160
安　徽	74903062	2794165	4725436	4509892	897801	53430516	8545252
福　建	75366727	1697188	6212845	6599311	1907421	52563265	6386697
江　西	52637097	711363	1568561	3966203	2185284	39325786	4879900
山　东	111680921	6575088	10351734	8465541	7420011	63910855	14957692
河　南	75922838	2177745	7033403	4129205	1574290	51631701	9376494
湖　北	67070404	3017031	5897182	2721789	3618392	46623049	5192961
湖　南	55097814	1303588	3068673	7527869	10075067	31516330	1606287
广　东	188871663	3762299	8822003	15207812	25968235	97655971	37455343
广　西	33450615	1080102	2448924	3729766	1174380	24446586	570857
海　南	11749979	543614	1776995	789833	725820	6376644	1537073
重　庆	45421955	2712436	14963508	3054481	97485	23682958	911087
四　川	100867221	1898291	27386549	50590994	277258	16253324	4460805
贵　州	30252733	464900	3431057	2804727	1737456	21034839	779754
云　南	26771787	469784	2190995	1114309	6178031	13565389	3253279
西　藏	1003444	21625	159564	187680	384673	249902	
陕　西	39258093	1175759	3319760	2994295	5633135	15507779	10627365
甘　肃	11983354	506758	933480	1637519	2511749	6344401	49447
青　海	2750171	137798	533810	334352	249118	1380535	114558
宁　夏	5743910	200032	1753286	540561	719250	2464273	66508
新　疆	12464202	387064	1051253	784542	1826037	7624334	790972

3-42 各地区按资质等级分的房地产开发企业商品住宅销售额

单位：万元

地 区	总 计	一 级	二 级	三 级	四 级	暂 定	其 他
全国总计	**1627299011**	**44302927**	**169580839**	**155350534**	**123368840**	**938717503**	**195978368**
北 京	41172334	1484231	1659208	1872114	9998711	24646096	1511974
天 津	21837418	177309	1310133	1063504	11111933	5543071	2631468
河 北	48143227	2274411	4802673	5006482	10455597	23899721	1704343
山 西	20300960	535492	1617395	1039484	7207863	9723881	176845
内蒙古	11163772	317436	1131370	1316581	4100117	3289067	1009201
辽 宁	28492829	412214	1919851	3857838	72831	13912076	8318019
吉 林	11792892	304684	1319057	988116	868503	8025481	287051
黑龙江	7518873	93883	982935	2687893	186276	2809324	758562
上 海	61049450	712030	4914454	4322889	1002	48143232	2955843
江 苏	196260867	3928470	37565628	1663213	73834	133528904	19500818
浙 江	171727920	2974231	4441993	10343731	3613379	101848938	48505648
安 徽	75146209	2793873	4767028	4864417	925565	53678429	8116897
福 建	70825893	1736206	5787242	6575908	2194042	48538508	5993987
江 西	51099739	560959	1480764	4056590	2374060	37996282	4631084
山 东	110441422	6322931	9913448	8956740	7526944	63048626	14672733
河 南	78920320	2287785	7163783	4364578	1725343	53483383	9895448
湖 北	66719307	3150310	6166135	3157738	3940945	45151282	5152897
湖 南	53904398	1408012	3272250	7747249	9631844	30215096	1629947
广 东	194576338	3964123	9950639	18418363	26726350	97899243	37617620
广 西	31644134	773396	2147809	3499200	1158870	23573657	491202
海 南	11795927	628984	2002747	1113891	862672	6106497	1081136
重 庆	47860626	2632351	16876527	3424311	88119	23914767	924551
四 川	90613382	1508151	24982528	44919929	268310	15031107	3903357
贵 州	27133662	446699	3102534	2441964	1526112	18953599	662754
云 南	25247386	394159	2173013	979694	5754081	12907100	3039339
西 藏	975121	21625	231638	200893	345854	175111	
陕 西	37621376	1188357	3354246	3009089	4984329	15242591	9842764
甘 肃	12677795	528308	999103	1788721	2805361	6487116	69186
青 海	2583456	107970	560274	307348	282089	1246633	79142
宁 夏	5849289	255533	1859910	574085	702028	2399516	58217
新 疆	12202689	378804	1124524	787981	1855876	7299169	756335

3-43　各地区按资质等级分的房地产开发企业90平方米及以下住宅销售额

单位：万元

地　区	总　计	一　级	二　级	三　级	四　级	暂　定	其　他
全国总计	**219921308**	**5449642**	**25026750**	**21827690**	**15012944**	**125537141**	**27067141**
北　京	13401874	490905	555055	823721	2177946	8510234	844013
天　津	4327239	16496	378489	242312	1675241	1443683	571018
河　北	7519541	786344	668409	989814	1081353	3752723	240898
山　西	1302378	12775	58884	86378	423389	686813	34139
内蒙古	847047	11129	36110	105105	266159	266536	162008
辽　宁	6032227	86419	359552	833252	22809	2900498	1829697
吉　林	3058012	120430	375774	314712	215774	1911186	120136
黑龙江	1876150	10583	277792	630546	102026	698436	156767
上　海	11641127	373696	772425	382610		9814529	297867
江　苏	15363184	273405	3010126	358085		10205627	1515941
浙　江	18269352	179590	654901	1203641	295683	10850591	5084946
安　徽	5348524	32848	378110	311389	41734	3910573	673870
福　建	20665518	574247	1607868	1530674	416030	14833073	1703626
江　西	5265528	58730	87074	123516	128732	4475020	392456
山　东	5827214	162633	256981	627668	524115	3196813	1059004
河　南	9955402	463868	1164526	891898	227136	6459009	748965
湖　北	5056116	123970	599515	317602	367379	3076480	571170
湖　南	2183906	79642	184556	479181	267628	1068514	104385
广　东	36317537	591210	1929687	2864459	4654992	17345025	8932164
广　西	5179092	124825	342441	367840	127507	4166760	49719
海　南	2004779	138898	149450	226399	212811	1092856	184365
重　庆	9659419	311028	2999717	615567	13048	5506345	213714
四　川	19501415	322038	7018259	6883468	63745	4583262	630643
贵　州	2130043	10875	299140	181848	123872	1350466	163842
云　南	3158746	10227	363144	107890	972937	1530377	174171
西　藏	151081	10968	16606	35342	36823	51342	
陕　西	1866981	11965	304277	125155	188366	741789	495429
甘　肃	956381	4603	44336	91342	285379	529421	1300
青　海	184611	16588	26463	26426	9041	68796	37297
宁　夏	88611	4010	54862	13410	4346	9945	2038
新　疆	782273	34697	52221	36440	86943	500419	71553

3-44　各地区按资质等级分的房地产开发企业144平方米以上住宅销售额

单位：万元

地　区	总　计	一　级	二　级	三　级	四　级	暂　定	其　他
全国总计	**296017045**	**10773245**	**38232181**	**32936801**	**27631341**	**153178371**	**33265106**
北　京	14452645	593737	518524	829266	5218817	7216014	76287
天　津	3142985	49706	320492	339263	1971371	271177	190976
河　北	4885218	121034	497753	402878	1074258	2488843	300452
山　西	3519623	102260	458805	126169	1197944	1611382	23063
内蒙古	2723730	48937	340205	474047	1232461	501740	126340
辽　宁	4747808	60120	686565	900615	8586	2079848	1012074
吉　林	1423535	24963	181761	92436	48606	1056472	19297
黑龙江	780505	25274	114383	446868	7873	141976	44131
上　海	17500336	266779	2622113	1807906		12181137	622401
江　苏	37260615	1134014	9230436	586800	5900	23186228	3117237
浙　江	37763515	953133	1261707	2758931	1269786	21654369	9865589
安　徽	6935611	385143	506723	436886	44778	4669292	892789
福　建	10116935	399111	1127797	1005991	603352	5996819	983865
江　西	5720862	38335	361775	596482	535214	3840166	348890
山　东	28809542	1871909	3251264	2154063	1899521	15694134	3938651
河　南	10824394	218739	1042389	614490	413163	7207268	1328345
湖　北	9268545	897771	1371847	453043	407649	5180675	957560
湖　南	12523693	367174	1057709	1673534	1894429	7218606	312241
广　东	28287023	889133	1579957	5041563	5372783	11917241	3486346
广　西	3652207	127369	437995	476812	128306	2399971	81754
海　南	2260234	120975	671853	242400	82367	947451	195188
重　庆	7142295	374634	4043142	587326		2093834	43359
四　川	15653573	437839	3280753	8631852	18339	2145633	1139157
贵　州	4244210	284351	551022	528295	172684	2653349	54509
云　南	8211156	168808	827339	489662	2065023	3798857	861467
西　藏	342165	10657	139626	69597	99504	22781	
陕　西	10224200	562911	859919	803712	1349238	3487688	3160732
甘　肃	944132	57714	156738	155337	191065	382308	970
青　海	357783	3559	113626	61993	62051	109652	6902
宁　夏	933244	43822	402093	43893	61084	371763	10589
新　疆	1364726	133334	215870	104691	195189	651697	63945

3-45　各地区按资质等级分的房地产开发企业办公楼销售额

单位：万元

地　区	总　计	一　级	二　级	三　级	四　级	暂　定	其　他
全国总计	**47014626**	**1939062**	**5007143**	**5406220**	**5294666**	**22154593**	**7212942**
北　京	1491646	8212	157685	90945	757849	470238	6717
天　津	473844		303		193949	236649	42943
河　北	248779	3606	38765	4751	54943	146536	178
山　西	305638	965	36177	3851	184477	80168	
内蒙古	31819		376	16051	10439		4953
辽　宁	258658		5968	25910		224854	1926
吉　林	143790		5363	23171	1116	114100	40
黑龙江	97937		8045	56923		22205	10764
上　海	3389348		53893	214595		2773569	347291
江　苏	3846644	234481	1149840	109406	37	1896298	456582
浙　江	5855300	1191	124624	506275	131390	3933578	1158242
安　徽	904095	87005	81855	105042	6122	520809	103262
福　建	2134960	10947	570482	330756	123630	945739	153406
江　西	1668673	13294	81770	42385	92861	1272786	165577
山　东	2592938	321492	282365	70152	130820	1578568	209541
河　南	960356	32756	164791	104271	14268	477425	166845
湖　北	1528745	119056	304281	33694	25882	867029	178803
湖　南	1070466	34119	15738	285713	259124	458266	17506
广　东	10767943	444475	200244	985405	2609615	3679618	2848586
广　西	540408	14424	15914	123613	86845	289860	9752
海　南	1144449	6904	56731	93647	8985	603500	374682
重　庆	916549	242291	242436	8848		421774	1200
四　川	3690666	237644	1079099	1911871		209496	252556
贵　州	442732	4178	94882	44214	8980	244596	45882
云　南	732444	61654	111860	41302	163544	303899	50185
西　藏	58269				6604	51665	
陕　西	1214893		36369	60226	357545	190236	570517
甘　肃	179965	47875	8566	52967	41010	29547	
青　海	62656		33022	6365		6851	16418
宁　夏	92861	12493	10804	39138	17191	13235	
新　疆	167155		34895	14733	7440	91499	18588

3-46 各地区按资质等级分的房地产开发企业商业营业用房销售额

单位：万元

地区	总计	一级	二级	三级	四级	暂定	其他
全国总计	**96923605**	**3019288**	**12372459**	**13617702**	**9890646**	**47129858**	**10893652**
北京	879274	12921	96089	17088	605907	147143	126
天津	716542		3189	65334	495833	134249	17937
河北	1424874	98878	103327	244079	462407	498119	18064
山西	752230	28949	36306	27008	350273	304503	5191
内蒙古	795212	62786	29325	159583	386773	103368	53377
辽宁	1439088	47280	83918	240487	8352	717187	341864
吉林	714527	17201	93696	87068	46288	463701	6573
黑龙江	742073	2827	116687	312667	19584	207473	82835
上海	2142841	115918	94773	150828		1678712	102610
江苏	9131989	574243	2362832	173245	1282	5069209	951178
浙江	7288214	91905	198351	717765	285649	3655852	2338692
安徽	4006780	52650	439102	622438	68874	2415273	408443
福建	4328323	78422	312000	997181	215864	2434793	290063
江西	4652076	124595	197789	631708	487382	2641365	569237
山东	5231154	322266	623713	529290	528913	2700412	526560
河南	5480616	202535	614387	285999	208652	3298743	870300
湖北	3149706	39308	247943	169707	319656	2212610	160482
湖南	4443810	149782	250974	754476	1041637	2120001	126940
广东	11439694	176235	487814	995879	2079659	5560149	2139958
广西	2907509	159817	207317	287726	179492	1973010	100147
海南	1890548	20037	161083	38280	23379	1155077	492692
重庆	3053587	217126	1354204	243736	15557	1153223	69741
四川	9257304	240179	2442445	4809574	5623	1365572	393911
贵州	3961456	89098	848811	453601	290201	2175334	104411
云南	2440696	8728	202665	142610	748916	1125273	212504
西藏	169591		3911	14928	43205	107547	
陕西	1783511	5063	291022	136014	548473	374786	428153
甘肃	518375	3479	52700	87463	101020	270201	3512
青海	247824	29828	67634	17941	14242	99669	18510
宁夏	624168	34180	254549	127056	74569	123984	9830
新疆	1310013	13052	93903	76943	232984	843320	49811

3-47　各地区按用途分的房地产开发企业商品住宅销售套数

单位：套

地　区	住　宅	#90平方米及以下住宅	#144平方米以上住宅
全国总计	**13690713**	**2623222**	**1193116**
北　京	78423	44710	10229
天　津	126656	37001	7969
河　北	514668	99180	28251
山　西	255450	22559	22867
内 蒙 古	142302	18044	22726
辽　宁	302092	103897	20764
吉　林	161515	61748	8857
黑 龙 江	117957	43275	5583
上　海	149010	66859	10003
江　苏	1211487	153677	114491
浙　江	726441	144532	73117
安　徽	840451	98289	36357
福　建	525671	188230	30467
江　西	578776	74019	35527
山　东	1019878	103667	162461
河　南	1040934	172016	83930
湖　北	631742	74689	40449
湖　南	662990	50335	101052
广　东	1085027	262875	83139
广　西	474525	107950	28949
海　南	62992	18873	5289
重　庆	469809	134276	28485
四　川	1049442	361820	52758
贵　州	406454	48350	42205
云　南	257765	56912	57818
西　藏	9616	2809	1867
陕　西	320167	29530	44700
甘　肃	185193	19110	9085
青　海	28361	2950	2752
宁　夏	67459	2690	6571
新　疆	187460	18350	14398

3-48 各地区按资质等级分的房地产开发企业商品住宅销售套数

单位：套

地 区	总 计	一 级	二 级	三 级	四 级	暂 定	其 他
全国总计	**13690713**	**351815**	**1512653**	**1573508**	**1190055**	**7723472**	**1339210**
北 京	78423	4285	3411	3216	19741	44090	3680
天 津	126656	1148	7562	5766	65337	31764	15079
河 北	514668	25349	50954	57722	115541	245528	19574
山 西	255450	8393	18727	15548	96026	114753	2003
内蒙古	142302	2979	12470	18862	54207	39554	14230
辽 宁	302092	5937	20413	53679	1726	144584	75753
吉 林	161515	3006	15993	17534	16746	103769	4467
黑龙江	117957	1220	15933	42141	6219	39285	13159
上 海	149010	2302	11207	8486	3	122968	4044
江 苏	1211487	29157	252051	15316	469	792268	122226
浙 江	726441	12606	22391	49203	21666	418931	201644
安 徽	840451	20292	58782	66266	13850	593740	87521
福 建	525671	10947	36421	61177	14505	358850	43771
江 西	578776	6075	15130	50992	26295	420936	59348
山 东	1019878	52108	85134	102201	88396	577137	114902
河 南	1040934	29782	100151	66538	28250	680453	135760
湖 北	631742	17616	51893	39231	61425	398416	63161
湖 南	662990	13328	37083	108545	134157	344786	25091
广 东	1085027	16745	45055	83092	159441	621422	159272
广 西	474525	11075	25250	53886	19479	357407	7428
海 南	62992	3977	8078	5877	6060	34902	4098
重 庆	469809	22207	151974	44290	1331	239905	10102
四 川	1049442	14707	307843	463946	4961	218746	39239
贵 州	406454	6812	42372	39376	28875	277461	11558
云 南	257765	3238	20352	12307	65202	129777	26889
西 藏	9616	308	1595	1735	3837	2141	
陕 西	320167	7823	35669	33387	55069	127471	60748
甘 肃	185193	8912	14268	26340	40384	93841	1448
青 海	28361	934	5711	3995	3880	12595	1246
宁 夏	67459	3306	21025	9108	8688	24633	699
新 疆	187460	5241	17755	13746	28289	111359	11070

3-49　各地区按用途分的房地产开发企业商品住宅现房销售套数

单位：套

地　区	住　宅	#90平方米及以下住宅	#144平方米以上住宅
全国总计	**1443534**	**418086**	**167652**
北　京	14549	7362	2805
天　津	30679	8360	2240
河　北	33095	9077	2493
山　西	20537	2408	2248
内蒙古	21037	3398	4308
辽　宁	59289	33010	5052
吉　林	36258	16936	1790
黑龙江	40469	18672	2971
上　海	38733	20313	2673
江　苏	172839	35330	22458
浙　江	44014	9915	7448
安　徽	70321	19239	4646
福　建	40949	17631	2535
江　西	59368	9649	4916
山　东	95008	22709	15910
河　南	157484	47115	11509
湖　北	57894	14403	5840
湖　南	53860	9104	10647
广　东	132954	43562	20167
广　西	38595	9436	2832
海　南	17069	9148	1385
重　庆	46886	16900	6820
四　川	39600	10843	4417
贵　州	26921	6299	2769
云　南	22725	6508	6811
西　藏	726	119	372
陕　西	19113	2219	3974
甘　肃	25025	3986	1504
青　海	1822	147	444
宁　夏	9649	2044	1235
新　疆	16066	2244	2433

3-50 各地区按用途分的房地产开发企业商品住宅期房销售套数

单位：套

地　　区	住　宅	#90平方米及以下住宅	#144平方米以上住宅
全国总计	**12247179**	**2205136**	**1025464**
北　京	63874	37348	7424
天　津	95977	28641	5729
河　北	481573	90103	25758
山　西	234913	20151	20619
内蒙古	121265	14646	18418
辽　宁	242803	70887	15712
吉　林	125257	44812	7067
黑龙江	77488	24603	2612
上　海	110277	46546	7330
江　苏	1038648	118347	92033
浙　江	682427	134617	65669
安　徽	770130	79050	31711
福　建	484722	170599	27932
江　西	519408	64370	30611
山　东	924870	80958	146551
河　南	883450	124901	72421
湖　北	573848	60286	34609
湖　南	609130	41231	90405
广　东	952073	219313	62972
广　西	435930	98514	26117
海　南	45923	9725	3904
重　庆	422923	117376	21665
四　川	1009842	350977	48341
贵　州	379533	42051	39436
云　南	235040	50404	51007
西　藏	8890	2690	1495
陕　西	301054	27311	40726
甘　肃	160168	15124	7581
青　海	26539	2803	2308
宁　夏	57810	646	5336
新　疆	171394	16106	11965

3-51　各地区按资质等级分的房地产开发企业90平方米及以下住宅销售套数

单位：套

地　区	总　计	一　级	二　级	三　级	四　级	暂　定	其　他
全国总计	**2623222**	**64624**	**347354**	**343280**	**191439**	**1408969**	**267556**
北　京	44710	2643	1895	2304	11004	24260	2604
天　津	37001	294	3016	2455	16091	10203	4942
河　北	99180	10527	9322	12318	15281	48104	3628
山　西	22559	344	1002	1996	7849	10734	634
内蒙古	18044	218	756	3013	6332	4794	2931
辽　宁	103897	1976	7462	21022	770	46608	26059
吉　林	61748	1219	6396	8049	5937	38135	2012
黑龙江	43275	315	6168	15308	4221	12602	4661
上　海	66859	2013	5540	2730		55507	1069
江　苏	153677	3424	33748	4727		96320	15458
浙　江	144532	1301	5554	11963	3689	81221	40804
安　徽	98289	502	8709	9203	1018	65351	13506
福　建	188230	6359	12999	18116	4520	128652	17584
江　西	74019	899	1320	2077	2474	58254	8995
山　东	103667	2212	4136	16096	10118	57221	13884
河　南	172016	7240	21509	19252	5454	105421	13140
湖　北	74689	1871	8695	5190	7219	41107	10607
湖　南	50335	1467	4164	11999	6914	23431	2360
广　东	262875	2938	13656	17783	37934	141975	48589
广　西	107950	3058	6468	7356	3317	86681	1070
海　南	18873	1176	1265	1887	2620	10790	1135
重　庆	134276	5138	41541	10354	292	73751	3200
四　川	361820	5344	121692	123890	2159	95988	12747
贵　州	48350	401	5777	4526	4617	29434	3595
云　南	56912	155	5411	2589	18481	27114	3162
西　藏	2809	262	237	551	763	996	
陕　西	29530	321	5058	2656	4529	10493	6473
甘　肃	19110	38	714	1979	5039	11308	32
青　海	2950	239	370	449	224	939	729
宁　夏	2690	101	1669	476	174	216	54
新　疆	18350	629	1105	966	2399	11359	1892

3-52 各地区按资质等级分的房地产开发企业144平方米以上住宅销售套数

单位：套

地 区	总 计	一 级	二 级	三 级	四 级	暂 定	其 他
全国总计	**1193116**	**39718**	**149832**	**143638**	**134801**	**608028**	**117099**
北 京	10229	528	463	483	3344	5349	62
天 津	7969	131	734	564	5263	644	633
河 北	28251	684	2613	2704	7117	13119	2014
山 西	22867	845	2611	1183	8551	9543	134
内蒙古	22726	226	2293	3767	10771	4201	1468
辽 宁	20764	547	2467	3810	106	9926	3908
吉 林	8857	267	1062	718	524	6061	225
黑龙江	5583	37	935	2874	124	940	673
上 海	10003	142	1609	1226		6715	311
江 苏	114491	3710	28463	1562	25	67947	12784
浙 江	73117	2075	2991	6078	3409	40699	17865
安 徽	36357	1333	2642	2931	330	25636	3485
福 建	30467	558	3325	5447	1127	17606	2404
江 西	35527	306	2015	4527	2270	23519	2890
山 东	162461	10265	18335	14533	14330	86853	18145
河 南	83930	1615	9028	5425	4638	53663	9561
湖 北	40449	1763	4329	3320	4112	21650	5275
湖 南	101052	1932	7289	16714	20175	50886	4056
广 东	83139	1395	3295	11081	15654	41695	10019
广 西	28949	520	2727	3864	1518	19968	352
海 南	5289	256	1632	700	152	2151	398
重 庆	28485	1428	13793	3351		9771	142
四 川	52758	1046	13000	27692	50	7742	3228
贵 州	42205	3498	4052	5056	2504	26497	598
云 南	57818	778	4977	4726	15197	26166	5974
西 藏	1867	46	639	371	654	157	
陕 西	44700	1596	5717	5028	8108	14659	9592
甘 肃	9085	556	1223	1417	1755	4120	14
青 海	2752	19	609	625	399	1037	63
宁 夏	6571	251	2875	581	411	2362	91
新 疆	14398	1365	2089	1280	2183	6746	735

3-53　各地区按用途分的房地产开发企业商品房平均销售价格

单位：元/平方米

地　区	商品房平均销售价格	住　宅	办公楼	商业营业用房	其　他
全国总计	**10139**	**10396**	**13932**	**10715**	**4586**
北　京	40526	46941	26973	32438	8955
天　津	16182	16370	16803	14150	8834
河　北	8239	8330	7211	8875	4493
山　西	6775	6689	8854	10492	5535
内蒙古	6535	6516	5751	7502	4606
辽　宁	8930	9049	8893	8862	5047
吉　林	7030	7050	9178	8256	4218
黑龙江	6365	6242	9620	8197	5182
上　海	36102	40974	37289	26830	5942
江　苏	12906	13666	10367	11154	4371
浙　江	19070	20386	19393	16853	6787
安　徽	7784	7904	8332	9283	3328
福　建	11779	12653	11076	12409	5832
江　西	7678	7648	8669	8533	5912
山　东	8517	8743	10773	9680	3828
河　南	6521	6438	10416	7939	5157
湖　北	9130	9100	14305	11332	4925
湖　南	6574	6481	10524	8493	3991
广　东	15930	16453	23536	15764	6407
广　西	5944	5992	8616	8959	3205
海　南	17541	17550	17405	21827	11822
重　庆	8699	9678	8299	8211	2704
四　川	7885	8304	10004	10259	2919
贵　州	5807	5623	7226	8956	3509
云　南	7634	7869	8068	9198	3811
西　藏	8645	8443	8286	10943	5140
陕　西	9733	9680	15099	13449	5256
甘　肃	6047	5985	11585	7829	3037
青　海	7623	7851	9474	7820	2651
宁　夏	6655	6916	6454	7270	2704
新　疆	5740	5548	7899	8685	3290

3-54 各地区按资质等级分的房地产开发企业商品房平均销售价格

单位：元/平方米

地区	总计	一级	二级	三级	四级	暂定	其他
全国总计	**10139**	**10027**	**9441**	**8450**	**8781**	**10431**	**12702**
北京	40526	26998	34822	47754	35325	44890	39665
天津	16182	14698	15947	16879	15488	17394	16873
河北	8239	8889	8316	7815	7658	8630	7341
山西	6775	5193	6925	5701	6466	7249	8934
内蒙古	6535	8511	7166	5844	6191	7208	6086
辽宁	8930	6395	8452	6934	4201	9062	10571
吉林	7030	9368	7556	5877	5125	7382	6306
黑龙江	6365	6530	6320	6253	3458	7076	5872
上海	36102	34381	34226	37334	3175	35719	46952
江苏	12906	10221	11595	9080	11421	13554	12959
浙江	19070	18406	16114	15395	11814	19774	20035
安徽	7784	10994	6907	6273	5705	7922	8340
福建	11779	15485	13174	8992	12063	11995	12509
江西	7678	8886	8240	6887	7798	7802	7179
山东	8517	8840	8685	7166	6477	8716	10130
河南	6521	6831	6370	5966	5257	6711	6166
湖北	9130	13819	10275	6761	5500	9899	7065
湖南	6574	8621	6706	5924	5939	7033	5283
广东	15930	19678	19825	18207	14441	14104	21986
广西	5944	5916	7053	5401	5407	5976	5928
海南	17541	12223	18108	16983	15320	16896	26219
重庆	8699	8359	9035	6610	6454	8932	8509
四川	7885	7913	7795	8401	5703	6529	9277
贵州	5807	4842	6461	5401	4836	5892	5795
云南	7634	8953	7848	5996	7080	7868	8388
西藏	8645	7706	9745	9342	7722	8857	
陕西	9733	11194	7920	7319	7715	9984	13300
甘肃	6047	5079	5839	6023	6004	6235	4368
青海	7623	10750	7636	6302	5796	8286	8759
宁夏	6655	6000	6943	5143	6301	7226	7217
新疆	5740	5507	5312	4913	5628	5883	6618

3-55　各地区按资质等级分的房地产开发企业90平方米及以下住宅平均销售价格

单位：元/平方米

地　区	总　计	一　级	二　级	三　级	四　级	暂　定	其　他
全国总计	**10786**	**10907**	**9045**	**8241**	**10563**	**11418**	**13147**
北　京	36953	24268	35341	45404	26119	42083	36719
天　津	14434	7938	15478	12094	13030	16946	14469
河　北	9471	9949	8790	9732	8741	9776	8152
山　西	7442	4176	8200	5676	7016	8074	8271
内蒙古	6126	7121	6501	4996	5568	7246	6342
辽　宁	7606	5252	6072	5430	3741	8100	9159
吉　林	6118	11616	7216	4822	4608	6190	7250
黑龙江	5559	4786	6052	5327	3181	6868	4209
上　海	22897	25406	19605	18497		23099	34125
江　苏	12652	9383	10923	9180		13596	12639
浙　江	15685	18247	15011	12468	10721	16374	15668
安　徽	6877	8353	5386	4332	5490	7477	6664
福　建	13839	13171	15257	10657	12154	14319	13049
江　西	9347	8467	8222	7428	6885	9727	7781
山　东	7729	9462	8068	6225	7018	7626	9615
河　南	7181	7726	6771	6139	5069	7578	6695
湖　北	8619	7629	8228	8142	6748	9645	6711
湖　南	6058	7901	6513	5501	5687	6302	5690
广　东	18848	27524	20298	23886	17847	16445	23831
广　西	6342	5106	6719	6200	5241	6414	6223
海　南	15122	15406	16849	16986	12736	14358	21594
重　庆	9041	7669	9070	7232	4979	9425	8488
四　川	6649	7481	7069	6920	4082	5791	6614
贵　州	6239	4447	7122	6324	4697	6223	6603
云　南	7832	8144	8807	5784	7292	8203	7853
西　藏	7247	5636	8315	8534	6369	7355	
陕　西	8626	5680	7804	6232	6115	9768	10214
甘　肃	6333	17495	7273	5610	6206	6446	5033
青　海	9503	11563	9571	7385	4816	10579	11410
宁　夏	5027	6177	5212	3920	3970	5970	7526
新　疆	5884	8052	5968	4943	4842	6029	6187

3-56 各地区按资质等级分的房地产开发企业144平方米以上住宅平均销售价格

单位：元/平方米

地区	总计	一级	二级	三级	四级	暂定	其他
全国总计	**14031**	**14922**	**14104**	**12888**	**11383**	**14420**	**16155**
北京	59675	41941	49166	61246	55150	66644	73311
天津	22422	21905	22332	30829	21579	23998	19302
河北	10426	10389	10953	9034	8930	11672	9015
山西	8942	7003	9596	5924	8399	9756	11051
内蒙古	7022	9657	8862	7307	6680	7141	5095
辽宁	12761	5613	15591	12316	4738	11879	15043
吉林	8909	6042	8847	7056	5708	9607	5489
黑龙江	8057	10729	6729	9114	4047	9128	4017
上海	85570	91809	83864	74872		88059	79114
江苏	17554	16564	17093	16760	11342	18558	13600
浙江	26234	24798	20622	20903	16485	27415	28934
安徽	10702	14162	9789	8224	6948	10470	14045
福建	18257	29676	18928	10734	18493	19062	24492
江西	9100	7342	9954	7816	13292	9100	7197
山东	10485	10629	10473	8724	7491	10779	12925
河南	8010	8219	7292	6988	5589	8329	8594
湖北	13087	26479	18131	8433	5545	13766	10072
湖南	7531	10995	8016	6197	5866	8583	4915
广东	18258	27528	23744	23078	17980	15804	19458
广西	7010	12660	9072	6251	4958	6791	11511
海南	23070	22298	20628	21230	30998	24350	27907
重庆	13511	14750	14824	9961		12402	16151
四川	16560	22443	14394	17334	23085	15284	19406
贵州	6104	5200	7961	6258	4198	6079	5854
云南	7559	10881	9299	5648	6958	7832	7605
西藏	9961	12389	10935	10446	8779	8363	
陕西	13504	18905	9107	9655	9364	14591	18977
甘肃	6326	6142	7694	6364	6389	5888	4247
青海	7769	10458	9808	6231	8848	6793	6768
宁夏	8260	9193	8311	4182	8921	9067	7129
新疆	5571	5718	5726	4535	5479	5732	5535

3-57 各地区按用途分的房地产开发企业商品房待售面积

单位：平方米

地　区	商品房待售面积	住宅	办公楼	商业营业用房	其他
全国总计	**510230188**	**227605578**	**37954314**	**127667124**	**117003172**
北　京	23962884	8308063	5555124	4020410	6079287
天　津	9220814	5171366	1043196	1741545	1264707
河　北	7687747	4991141	299811	1172274	1224521
山　西	8615364	5173680	212021	1874495	1355168
内蒙古	9441380	5867255	263181	2145208	1165736
辽　宁	27642264	17185062	824768	7320218	2312216
吉　林	10368166	6244914	448039	2715334	959879
黑龙江	15957423	9255397	310942	4171534	2219550
上　海	26837823	7201935	4852961	4332257	10450670
江　苏	38936661	17232652	3891473	11637492	6175044
浙　江	18997508	5409774	3351686	6550849	3685199
安　徽	17134413	7048984	992089	5947684	3145656
福　建	19583652	5691274	1435932	4790807	7665639
江　西	7374917	3246250	363687	2850103	914877
山　东	27652607	16309313	1620185	5891832	3831277
河　南	27669753	18372730	1245860	4783631	3267532
湖　北	12582722	6773382	662991	3443001	1703348
湖　南	11463128	5782899	333824	3616705	1729700
广　东	66969761	28940800	5320985	13017588	19690388
广　西	14611021	7300339	450129	3781026	3079527
海　南	5274061	3960917	146094	733378	433672
重　庆	23430574	4337979	975927	5355632	12761036
四　川	20384997	5043979	887181	4566267	9887570
贵　州	5646951	1750113	207564	1877731	1811543
云　南	13931560	5299428	583432	3888553	4160147
西　藏	697854	316420	41969	271977	67488
陕　西	5795758	2637229	340399	1741046	1077084
甘　肃	6198871	3277630	86078	1944809	890354
青　海	1411355	620182	20900	644701	125572
宁　夏	10273978	3099778	659741	4589878	1924581
新　疆	14474221	5754713	526145	6249159	1944204

3-58 各地区按资质等级分的房地产开发企业商品房待售面积

单位：平方米

地区	总计	一级	二级	三级	四级	暂定	其他
全国总计	**510230188**	**18727292**	**81253078**	**97448880**	**88026383**	**192894619**	**31879936**
北京	23962884	1450296	2495016	1710682	13398584	3956742	951564
天津	9220814	20539	663133	706379	6318188	919361	593214
河北	7687747	430622	1213351	928578	2357540	2625054	132602
山西	8615364	418134	1419391	933413	4009585	1824339	10502
内蒙古	9441380	344148	672477	1374408	4992671	1308347	749329
辽宁	27642264	725656	3108601	7434778	722238	13457854	2193137
吉林	10368166	50172	1955840	1408012	2311440	4219044	423658
黑龙江	15957423	359512	3520588	7400167	1071151	2369896	1236109
上海	26837823	685756	2843848	3194829	650	17981421	2131319
江苏	38936661	1415533	12121596	2001097	46342	19661631	3690462
浙江	18997508	423497	1229454	4997873	2652335	7381807	2312542
安徽	17134413	565537	1588184	4625012	1153446	8426656	775578
福建	19583652	929483	2590061	7459907	2514853	5447637	641711
江西	7374917	8670	690516	1212120	779813	4082587	601211
山东	27652607	1243723	3484208	4329321	4581989	12354232	1659134
河南	27669753	981914	4075870	3560043	1106088	14014915	3930923
湖北	12582722	529626	1453549	1904707	3133039	4680059	881742
湖南	11463128	553116	1164703	3295270	3149029	2828542	472468
广东	66969761	2542552	2827119	13263328	17212912	26210021	4913829
广西	14611021	339516	1627685	3136200	926855	8077264	503501
海南	5274061		222215	965278	835942	2816364	434262
重庆	23430574	1472733	13100563	2398213	33038	6152660	273367
四川	20384997	970400	5309388	10542448	140544	3056565	365652
贵州	5646951	446932	1201645	719670	830393	2191516	256795
云南	13931560	399584	2071312	911077	4809113	5163216	577258
西藏	697854		189724	218092	83596	206442	
陕西	5795758	176148	1500072	1237917	1873079	638915	369627
甘肃	6198871	28109	500860	1252744	2024659	2199043	193456
青海	1411355	17709	601611	303296	164591	324148	
宁夏	10273978	994002	4199979	1954821	1179099	1861574	84503
新疆	14474221	203673	1610519	2069200	3613581	6456767	520481

3-59　各地区按用途分的房地产开发企业商品房待售1-3年面积

单位：平方米

地　区	待售1-3年面积	住　宅	办公楼	商业营业用房	其　他
全国总计	**228144510**	**110142521**	**15260115**	**49730256**	**53011618**
北　京	8976734	2801744	2787029	1096225	2291736
天　津	4090451	2671746	396384	554153	468168
河　北	4603367	3005469	256711	613955	727232
山　西	3183247	2048870	96717	627077	410583
内蒙古	5052551	3140474	136825	1131384	643868
辽　宁	13941056	8882966	408390	3527791	1121909
吉　林	3736526	2585803	125088	775839	249796
黑龙江	5696297	3652079	111010	1361275	571933
上　海	5364481	1260067	678832	565378	2860204
江　苏	17149213	8644638	1271407	4510868	2722300
浙　江	6743070	2511035	1182530	1611415	1438090
安　徽	9779000	4481568	588898	3077975	1630559
福　建	7189137	2305292	504590	1775723	2603532
江　西	4184079	2027951	287549	1278795	589784
山　东	13832174	8956621	513076	2175418	2187059
河　南	8606951	5461322	508443	1495669	1141517
湖　北	6202219	3686159	243894	1478906	793260
湖　南	5412161	3037920	173545	1486827	713869
广　东	37311269	16390694	2964243	6645732	11310600
广　西	6348208	3494588	186279	1284710	1382631
海　南	3030104	2301588	82144	404877	241495
重　庆	13769193	3018946	527452	2777338	7445457
四　川	9992854	2939038	425609	1963538	4664669
贵　州	2545021	863708	39858	1009023	632432
云　南	5845863	2624731	206752	1054882	1959498
西　藏	445690	154999	41969	193253	55469
陕　西	2387686	1266037	99024	565009	457616
甘　肃	2671187	1570536	38454	748775	313422
青　海	592645	317677	6166	244308	24494
宁　夏	3178767	1204010	149105	1210098	615554
新　疆	6283309	2834245	222142	2484040	742882

3-60 各地区按资质等级分的房地产开发企业商品房待售1-3年面积

单位：平方米

地 区	总 计	一 级	二 级	三 级	四 级	暂 定	其 他
全国总计	**228144510**	**8088194**	**35742024**	**42226536**	**37643735**	**90115600**	**14328421**
北 京	8976734	355635	1201350	904568	4646706	1665611	202864
天 津	4090451	9836	234766	329501	2988516	387827	140005
河 北	4603367	24121	715161	407312	1304932	2019397	132444
山 西	3183247	237242	354061	252798	1437132	894475	7539
内蒙古	5052551	243323	238347	752316	2618980	768174	431411
辽 宁	13941056	452381	935540	3768946	504129	6945430	1334630
吉 林	3736526		541925	647783	683426	1466146	397246
黑龙江	5696297	141406	1252450	2718671	434164	679304	470302
上 海	5364481	58189	376432	893262		3561679	474919
江 苏	17149213	576392	4754621	563872	22045	9380353	1851930
浙 江	6743070	70465	258483	1480286	714511	2935958	1283367
安 徽	9779000	317484	969231	2213169	638856	5264724	375536
福 建	7189137	405419	1433255	1945510	886227	2166638	352088
江 西	4184079	4998	365497	721942	326714	2371598	393330
山 东	13832174	519579	1706754	2123814	2087502	6446393	948132
河 南	8606951	459649	1697112	1658560	503121	3656920	631589
湖 北	6202219	171047	845811	728443	1388799	2607214	460905
湖 南	5412161	167977	672992	1827914	1546105	1103697	93476
广 东	37311269	2017847	1729950	6857120	8662624	15255211	2788517
广 西	6348208	113200	696837	1284271	375553	3651146	227201
海 南	3030104		152542	482360	530987	1715919	148296
重 庆	13769193	707560	8207251	1090400		3611960	152022
四 川	9992854	324443	2430544	5406892	43158	1627266	160551
贵 州	2545021		375262	273007	473420	1349262	74070
云 南	5845863	225285	696230	305996	1755082	2612470	250800
西 藏	445690		173564	51673	71118	149335	
陕 西	2387686	79696	610007	427368	729535	283144	257936
甘 肃	2671187	27294	219536	460241	677802	1237063	49251
青 海	592645	17709	197139	99940	79152	198705	
宁 夏	3178767	200915	1056619	576546	426074	903951	14662
新 疆	6283309	159102	642755	972055	1087365	3198630	223402

3-61　各地区按用途分的房地产开发企业商品房待售3年以上面积

单位：平方米

地　区	待售3年以上面　积	住　宅	办公楼	商业营业用房	其　他
全国总计	**138273496**	**43246880**	**13268406**	**47767844**	**33990366**
北　京	10427969	4021951	1909444	2346573	2150001
天　津	2745386	729426	547291	808280	660389
河　北	1216413	651791	38953	293496	232173
山　西	2492710	1304157	75872	674220	438461
内蒙古	1625059	753265	61687	602025	208082
辽　宁	6453145	3616254	119119	1970398	747374
吉　林	3605964	1507427	162700	1434070	501767
黑龙江	6325918	2994310	139026	2017328	1175254
上　海	11512383	2328550	2199339	2766264	4218230
江　苏	9717086	2032011	1640054	4531832	1513189
浙　江	8824956	1681816	1563437	3950669	1629034
安　徽	1860129	361709	143296	791573	563551
福　建	8265291	1514092	689884	2372812	3688503
江　西	1236013	267148	7111	859762	101992
山　东	5838121	2234832	602557	2418292	582440
河　南	3971071	2587875	254010	811160	318026
湖　北	3234121	1286864	279838	1129820	537599
湖　南	2780056	1086993	77770	1060415	554878
广　东	11985249	3873549	1057427	3543924	3510349
广　西	4390991	1721286	122957	1477311	1069437
海　南	1429512	1037010	12712	231373	148417
重　庆	5328020	487509	392952	1511252	2936307
四　川	5456545	471377	193140	1795844	2996184
贵　州	1104885	171269	141629	393948	398039
云　南	3322729	795161	151239	1427430	948899
西　藏					
陕　西	1418152	348857	82021	629559	357715
甘　肃	1452164	640018	27704	613813	170629
青　海	309205	72415	14734	180773	41283
宁　夏	4590365	1152039	371171	2325331	741824
新　疆	5353888	1515919	189332	2798297	850340

3-62 各地区按资质等级分的房地产开发企业商品房待售3年以上面积

单位：平方米

地区	总计	一级	二级	三级	四级	暂定	其他
全国总计	**138273496**	**5377488**	**24901902**	**33166318**	**27195040**	**40990945**	**6641803**
北京	10427969	934786	1017708	661835	6114566	961731	737343
天津	2745386	3000	300829	160442	1771615	224531	284969
河北	1216413	228966	204887	241121	374930	166509	
山西	2492710	118139	565305	226521	1339061	240721	2963
内蒙古	1625059	50265	85785	341596	1054822	48190	44401
辽宁	6453145	46213	1012988	2035909	94122	3123302	140611
吉林	3605964	50172	885544	508597	769299	1392352	
黑龙江	6325918	216714	1648398	3172277	240524	870963	177042
上海	11512383	205691	1543841	1602896	650	7137225	1022080
江苏	9717086	337107	3540673	930025	24297	4363283	521701
浙江	8824956	216961	832594	2797082	1617839	2780630	579850
安徽	1860129	160812	301833	609826	100658	582568	104432
福建	8265291	330486	701035	4211707	1194052	1666552	161459
江西	1236013	3672	196865	233468	262836	469491	69681
山东	5838121	277536	406169	1125508	1323497	2418825	286586
河南	3971071	88723	424078	715409	200704	2068293	473864
湖北	3234121	199505	472528	759819	893111	805770	103388
湖南	2780056	267208	313218	815741	790725	354671	238493
广东	11985249	279986	419748	3960119	3361721	3083629	880046
广西	4390991	7001	550907	1237415	277701	2217537	100430
海南	1429512		69673	392050	254418	551710	161661
重庆	5328020	535436	2685807	757052	11226	1233562	104937
四川	5456545	186304	1786778	2774470	53938	504650	150405
贵州	1104885		522498	130845	150929	268086	32527
云南	3322729	39986	653284	331055	1621272	626702	50430
西藏							
陕西	1418152	72163	492599	285528	436154	76635	55073
甘肃	1452164		58175	355188	644947	358409	35445
青海	309205		119927	103341	17159	68778	
宁夏	4590365	476085	2238066	963344	488547	415912	8411
新疆	5353888	44571	850162	726132	1709720	1909728	113575

3-63　各地区房地产开发企业90平方米及以下住宅待售情况

单位：平方米

地　区	待售面积	待售1-3年	待售3年以上
全国总计	**51706930**	**22990407**	**13271507**
北　京	2715226	1093477	1119957
天　津	1294208	586449	311970
河　北	1068981	677067	118809
山　西	872536	298875	250186
内蒙古	1045606	500859	300482
辽　宁	7769196	3875711	1576341
吉　林	3242284	1347079	1063432
黑龙江	4172827	1411442	1550247
上　海	2942167	316785	590062
江　苏	2103052	805375	350775
浙　江	847065	383994	318420
安　徽	1048266	676823	99194
福　建	1157700	543572	222051
江　西	311833	118062	40488
山　东	2576365	1232004	875231
河　南	2648849	614859	327683
湖　北	919644	442554	330107
湖　南	689623	247164	323981
广　东	5398525	3284409	919213
广　西	1204769	497627	500791
海　南	2192081	1254368	680098
重　庆	1132568	811766	185899
四　川	940015	489342	185286
贵　州	130333	50714	10497
云　南	864070	459390	141591
西　藏	75149	56372	
陕　西	396854	211048	48507
甘　肃	400520	138602	175338
青　海	95147	46116	24095
宁　夏	472093	63244	315991
新　疆	979378	455258	314785

3-64 各地区房地产开发企业土地开发及其购置情况

地　　区	待开发土地面积（平方米）	本年土地购置面积（平方米）	本年土地成交价款（万元）
全国总计	**474900868**	**215898573**	**177562767**
北　京	6310607	2306048	12578039
天　津	6640443	3893162	5871117
河　北	20254685	5052728	2088786
山　西	8130309	3162298	947883
内蒙古	7454931	2682123	678949
辽　宁	15092424	6990148	3325080
吉　林	6064148	8496103	2705693
黑龙江	2978206	2018452	898704
上　海	3184776	3765091	6149408
江　苏	40875218	19843493	28312075
浙　江	12620721	19130954	29275324
安　徽	25225722	24018772	12490676
福　建	8321668	3467367	6259005
江　西	9788580	3919348	1814965
山　东	44639456	19063421	10306199
河　南	25533882	6311990	4174032
湖　北	22838785	8186056	4931739
湖　南	26627770	8171949	3353138
广　东	47870641	16379780	22012123
广　西	14740595	8111864	3233582
海　南	3981423	1011279	483329
重　庆	21616549	6945016	4547672
四　川	19016428	5436306	3224598
贵　州	17348993	3629566	2197111
云　南	21391717	5257315	1673074
西　藏	310639	811035	59402
陕　西	8251283	2601444	912632
甘　肃	3167333	1450515	659724
青　海	1090345	1402735	674936
宁　夏	5714837	2759553	631352
新　疆	17817754	9622662	1092420

3-65　各地区按资质等级分的房地产开发企业待开发土地面积

单位：平方米

地　区	总　计	一　级	二　级	三　级	四　级	暂　定	其　他
全国总计	**474900868**	**8918037**	**46079258**	**56643251**	**50514233**	**259200474**	**53545615**
北　京	6310607	123356	369731	464211	2068839	2947133	337337
天　津	6640443	72295	92241	1303433	3989249	621138	562087
河　北	20254685	996812	1192729	2537091	4870144	10167316	490593
山　西	8130309	42870	115456	362005	1915823	5694155	
内蒙古	7454931	735892	741731	959837	2991037	1501919	524515
辽　宁	15092424		1230765	3152358		7885084	2824217
吉　林	6064148		712941	160379	400721	4781570	8537
黑龙江	2978206		603193	1145227	86674	764212	378900
上　海	3184776		128173	139876		2397150	519577
江　苏	40875218	1574769	7247344	611606		22888953	8552546
浙　江	12620721	169384	666410	1109570	789913	5465339	4420105
安　徽	25225722	350149	1177065	2663931	415961	16946550	3672066
福　建	8321668	163083	808436	660201	459114	5784244	446590
江　西	9788580		119068	774677	145891	7866893	882051
山　东	44639456	409485	2276542	5690551	5724767	24498513	6039598
河　南	25533882	252608	2303465	2212040	695102	16712974	3357693
湖　北	22838785	600990	439666	1489541	1992893	14765149	3550546
湖　南	26627770	96137	1307520	5192497	5406457	13049479	1575680
广　东	47870641	850771	2018725	7425604	5723862	23942439	7909240
广　西	14740595	96776	863828	1357555	321388	11576985	524063
海　南	3981423		23140	314219	376252	3088475	179337
重　庆	21616549	434707	7425217	1563096	30333	10300821	1862375
四　川	19016428	143633	6433622	9120468		2401524	917181
贵　州	17348993		2337629	1054287	666123	13117861	173093
云　南	21391717	1308433	1583599	1349776	3727154	11642781	1779974
西　藏	310639		1		56666	253972	
陕　西	8251283		1714442	1059275	1832230	2258464	1386872
甘　肃	3167333		71434	399954	931398	1762547	2000
青　海	1090345		71205	25383	415729	443805	134223
宁　夏	5714837	166826	1255532	1185310	652704	2302868	151597
新　疆	17817754	329061	748408	1159293	3827809	11370161	383022

3-66 各地区按资质等级分的房地产开发企业土地购置面积

单位：平方米

地区	总计	一级	二级	三级	四级	暂定	其他
全国总计	**215898573**	**4606563**	**21084970**	**10587930**	**8877627**	**127509863**	**43231620**
北京	2306048	178387			62131	1777003	288527
天津	3893162	32412	241239	57166	322038	1422010	1818297
河北	5052728	435417	143193	398593	298003	3651895	125627
山西	3162298		1606	78040	530523	2416411	135718
内蒙古	2682123	38359		166505	590813	1429910	456536
辽宁	6990148	130585	1502052	525129	15000	2661916	2155466
吉林	8496103	12595	224833	275377	436592	7311285	235421
黑龙江	2018452		202326	246906	53219	1212834	303167
上海	3765091		191603	313598		2642683	617207
江苏	19843493	233331	5603733	110463		9677744	4218222
浙江	19130954	191814	929134	397989	188077	7649979	9773961
安徽	24018772	378407	760970	1034783	162886	16551006	5130720
福建	3467367	129589	882010		28076	1660710	766982
江西	3919348		11000	62747	7686	3250887	587028
山东	19063421	762707	1689330	1010100	1606593	11169563	2825128
河南	6311990	123002	455631	158108		4760741	814508
湖北	8186056		520717	198988	784999	5417359	1263993
湖南	8171949	289092	88693	394647	710191	6385054	304272
广东	16379780	241310	238941	589596	624041	8759542	5926350
广西	8111864	460887	1281531	218276	141840	5140194	869136
海南	1011279	97147		60500	24075	613270	216287
重庆	6945016	75553	1047898	564398		4799824	457343
四川	5436306	125549	1902811	1999055		928863	480028
贵州	3629566	290442	173838	21814	87759	2327387	728326
云南	5257315	34820	448406	79757	567880	3404998	721454
西藏	811035		804777			6258	
陕西	2601444		541102	191540	267379	607211	994212
甘肃	1450515	100512		98998	133675	1117330	
青海	1402735		94230	25939	77549	1205017	
宁夏	2759553	214739	781489	197258	85612	1069683	410772
新疆	9622662	29907	321877	1111660	1070990	6481296	606932

3-67　各地区按资质等级分的房地产开发企业土地成交价款

单位：万元

地　区	总　计	一　级	二　级	三　级	四　级	暂　定	其　他
全国总计	**177562767**	**2727982**	**19112575**	**5005974**	**3376402**	**95685918**	**51653916**
北　京	12578039	213604			188480	10625748	1550207
天　津	5871117	21200	353431	42360	407350	2686250	2360526
河　北	2088786	239278	54842	111758	111675	1540565	30668
山　西	947883		960	30609	153414	710500	52400
内蒙古	678949	12069		28911	90733	445402	101834
辽　宁	3325080	13471	600825	137294	800	1581977	990713
吉　林	2705693	1110	153507	56677	99648	2328781	65970
黑龙江	898704		14423	41018	4460	562382	276421
上　海	6149408		84249	485063		4407519	1172577
江　苏	28312075	91800	7921004	52461		12578034	7668776
浙　江	29275324	432799	1782657	369549	150212	12888539	13651568
安　徽	12490676	391152	312862	417631	42868	8095395	3230768
福　建	6259005	28900	2992969		134000	1664761	1438375
江　西	1814965		4710	23856	1218	1492793	292388
山　东	10306199	395753	1148804	545035	558169	5201395	2457043
河　南	4174032	23265	501430	34252		2947231	667854
湖　北	4931739		240948	36730	259886	2540130	1854045
湖　南	3353138	145011	35131	131270	201890	2656198	183638
广　东	22012123	317993	229232	363152	561453	9881276	10659017
广　西	3233582	156135	386532	62661	72512	1558123	997619
海　南	483329	57824		91178	1265	207746	125316
重　庆	4547672	27991	554092	213808		3486252	265529
四　川	3224598	36129	1086095	1485073		400991	216310
贵　州	2197111	53386	30666	4585	11722	1529417	567335
云　南	1673074	8443	124445	12807	149910	1195306	182163
西　藏	59402		59222			180	
陕　西	912632		132097	28396	39143	278649	434347
甘　肃	659724	20961		36266	23447	579050	
青　海	674936		3244	2422	12432	656838	
宁　夏	631352	35108	252199	32488	8001	200360	103196
新　疆	1092420	4600	51999	128664	91714	758130	57313

第四章

房地产开发企业主要财务状况

4-1　各地区房地产开发企业主要财务指标

单位：万元

地　区	资产总计	负债合计	所有者权益合计	主营业务收入
全国总计	**11338567327**	**9104835483**	**2233731845**	**1343422367**
北　京	589799826	476594547	113205279	46404155
天　津	316806654	256159214	60647440	26802485
河　北	325843881	292296507	33547374	26280017
山　西	167086756	150128831	16957925	18468682
内蒙古	93542480	84438047	9104433	10358069
辽　宁	235265458	192130236	43135222	26207325
吉　林	89233552	77192421	12041131	11298541
黑龙江	98409256	68054061	30355195	7940940
上　海	745373747	512889302	232484445	54580515
江　苏	1050550028	814823987	235726041	168175490
浙　江	893119132	720238767	172880365	130679037
安　徽	369614732	291489704	78125028	59562353
福　建	451294216	344955908	106338308	44212637
江　西	202563587	162361847	40201739	33053458
山　东	793743461	664502711	129240750	100106569
河　南	470255305	401930635	68324671	53808236
湖　北	431241230	341099554	90141676	61271436
湖　南	260583134	218643961	41939172	40350121
广　东	1579793580	1247816918	331976662	171189735
广　西	256922906	202676040	54246866	28150618
海　南	140047148	114517134	25530014	13731771
重　庆	328898034	248430128	80467906	40273277
四　川	462380273	382905813	79474460	68727935
贵　州	208225797	172759933	35465864	18652607
云　南	257622725	217830388	39792337	24722768
西　藏	12276204	8457548	3818656	1158867
陕　西	269263768	233129036	36134732	27198415
甘　肃	93822883	81865313	11957570	9940402
青　海	21205847	18955203	2250644	3548770
宁　夏	34058832	29424079	4634753	6256795
新　疆	89722895	76137709	13585186	10310342

4-1 续表 1

单位：万元

地　　区	土地转让收入	商品房销售收入	自持物业收入		其他收入
				房屋出租收入	
全国总计	**7692860**	**1274448875**	**22907556**	**16518039**	**38373076**
北　京	575009	38069281	1842673	1674889	5917193
天　津	518088	25477158	397090	329418	410148
河　北	142995	25134347	138229	106488	864446
山　西	106351	17825113	120578	103081	416640
内蒙古	15452	10203192	51724	50600	87701
辽　宁	264261	25446309	262771	209624	233984
吉　林	55965	10940046	106225	41435	196305
黑龙江	5437	7485057	71618	64703	378827
上　海	292138	45828290	6246634	4405020	2213452
江　苏	1210497	162810852	1266212	941890	2887930
浙　江	615760	125748030	1202879	773771	3112368
安　徽	127121	57685174	347193	193773	1402865
福　建	263922	40998471	881565	432362	2068679
江　西	86110	31857588	196492	125299	913269
山　东	673680	95272746	950229	561660	3209914
河　南	90745	50702036	865527	407890	2149928
湖　北	940242	57937277	620463	449104	1773454
湖　南	325536	39027066	561929	235188	435590
广　东	287238	163979224	3824368	3173013	3098905
广　西	209023	27131315	379451	261739	430829
海　南	8934	13274751	69901	40781	378185
重　庆	178638	38238793	716479	545727	1139368
四　川	264672	66919103	634245	462629	909914
贵　州	91124	17479704	129396	98086	952383
云　南	227043	23448769	465634	353150	581322
西　藏		1085288	45795	14943	27784
陕　西	31173	25264808	200954	166909	1701480
甘　肃	56726	9601663	95668	86672	186345
青　海	3945	3497614	19295	18846	27917
宁　夏	15146	6036983	67019	63856	137647
新　疆	9889	10042825	129320	125494	128307

4-1 续表 2

单位：万元

地　区	主营业务成本	税金及附加	其他业务利润	销售费用
全国总计	**1054477274**	**67237416**	**2711876**	**62715459**
北　京	38446724	2111869	322071	1590521
天　津	22329757	1328238	74147	1306529
河　北	20372348	1895609	59987	1964682
山　西	15323290	671478	24999	709408
内蒙古	8655021	469502	12102	409366
辽　宁	21183748	1338044	31976	1172291
吉　林	9125880	354727	16012	512886
黑龙江	6645258	455130	15244	350980
上　海	35455733	4833017	198215	1966178
江　苏	134359537	5425990	402722	5693647
浙　江	106233881	4756778	98321	5722374
安　徽	49956305	1479207	75443	2437836
福　建	35344008	2228017	128896	2000107
江　西	26578715	1033556	16904	1469361
山　东	81159925	4816742	228525	4029684
河　南	42444956	2148209	102485	2980610
湖　北	46809298	3566949	63030	2346922
湖　南	32965870	1768670	53896	2139356
广　东	120200710	14676511	325288	9064794
广　西	22766211	987749	51436	1537772
海　南	7983114	2169027	33067	1303327
重　庆	33107257	1139234	39823	2162989
四　川	54963092	3129631	148292	4198030
贵　州	15516102	731335	26732	1343239
云　南	19334571	1487068	21164	1469084
西　藏	862229	25396	2005	38033
陕　西	21047214	1206493	83651	1377982
甘　肃	8687040	284326	8576	415385
青　海	2935289	94921	7131	120348
宁　夏	4987467	224869	15915	182893
新　疆	8696728	399124	23825	698846

4-1 续表 3 单位：万元

地　区	管理费用	财务费用	营业利润	营业外收入
全国总计	**49846711**	**35124259**	**118340236**	**6426642**
北　京	1865992	2737378	2262153	134563
天　津	879917	1111246	-688878	141412
河　北	1662707	920155	-406025	124209
山　西	702739	320477	1144641	28914
内蒙古	464401	185038	189297	47662
辽　宁	1000082	827703	491523	124167
吉　林	461568	259891	462349	48531
黑龙江	342483	311321	341039	86880
上　海	2672292	3551610	10742933	739267
江　苏	4447166	1773470	16846523	609938
浙　江	4334997	1483180	11540558	466025
安　徽	1640727	959243	3728526	300824
福　建	1448519	1095413	4617949	109298
江　西	1020895	570520	3728365	88888
山　东	3740349	2446208	7864047	620802
河　南	2449191	1583629	4378445	226514
湖　北	1561996	1079060	7371815	111324
湖　南	1666350	624456	925211	321681
广　东	6879714	6697907	24888373	622554
广　西	1190346	556955	1749182	127435
海　南	840113	422600	1354454	160766
重　庆	1322963	1035579	4397104	221149
四　川	2469290	1418247	5402956	282225
贵　州	903702	554934	536627	120077
云　南	1207293	1212170	937377	179916
西　藏	57086	45071	175310	13188
陕　西	1132035	630112	2359568	90338
甘　肃	451092	256450	215447	35662
青　海	104441	30446	301053	5657
宁　夏	249304	96107	547102	24054
新　疆	676963	327686	-64788	212725

4-1 续表 4 单位：万元

地　区	营业外支出	利润总额	所得税费用	应付职工薪酬
全国总计	**10607141**	**114069168**	**33671109**	**37134069**
北　京	221083	2174437	1097490	1549538
天　津	610797	-1160163	413798	782832
河　北	230792	-561634	658536	1102530
山　西	103848	1073561	449204	495585
内蒙古	102126	100382	184102	282350
辽　宁	265855	356776	687455	607750
吉　林	67508	478437	290199	276112
黑龙江	104751	305286	167925	213043
上　海	621914	10836125	2683370	1665693
江　苏	1133507	16470092	3656145	3070552
浙　江	962742	11152582	3057224	2626570
安　徽	377907	3641738	884504	1370178
福　建	265943	4451634	973596	1351671
江　西	175517	3567911	695305	796419
山　东	625522	7804240	2237375	2603060
河　南	308787	4278893	956984	2080792
湖　北	289738	7196074	1534152	1520036
湖　南	195339	1011912	733435	1346779
广　东	1312833	24160557	6390247	4990496
广　西	156153	1650223	641424	955127
海　南	251646	1390698	656169	608173
重　庆	314026	4284003	766768	1337540
四　川	317825	5504510	1568343	1841421
贵　州	147477	454741	386225	733499
云　南	979176	106374	534519	975221
西　藏	4495	194747	29492	34734
陕　西	135550	2234277	785746	926555
甘　肃	71174	159189	116243	345276
青　海	17886	286312	72589	79183
宁　夏	54872	515241	168944	156982
新　疆	180353	-49988	193604	408373

4-2 各地区按登记注册类型分的房地产开发企业资产总计

单位：万元

地区	总计	内资	国有	集体	股份合作	国有联营	集体联营
全国总计	**11338567327**	**10396857175**	**257164499**	**11096842**	**5970099**	**2521960**	**1379**
北京	589799826	535644016	514402	468495	733189		
天津	316806654	294329955	18560950	131036			
河北	325843881	318971674	1145162				
山西	167086756	165565347	2250271	62338			
内蒙古	93542480	93439292	93531				
辽宁	235265458	202480006	3840993	2769			
吉林	89233552	86626166	1107083				
黑龙江	98409256	95307176	347381	3577	154451		
上海	745373747	643172980	23834511	948385	193430	146117	
江苏	1050550028	923230375	45540863	771247	1045209	1328453	
浙江	893119132	820316888	2742253	38967	29977		
安徽	369614732	362032355	4773324	4840	4927		
福建	451294216	384096171	943531	76409	276404		
江西	202563587	192809768	2225205	16389	62354	32086	
山东	793743461	752618033	21671666	4008245	735586	100078	
河南	470255305	456077284	2345966	2406	24583	139456	
湖北	431241230	409198584	26106588	467257	664252	352606	1379
湖南	260583134	250160719	2477597	28496	117626		
广东	1579793580	1346255321	56117920	3608009	1479166	199116	
广西	256922906	245633954	125570	19271	11464		
海南	140047148	127234801	3295266	67327		170410	
重庆	328898034	289885491	3970662		7838	10912	
四川	462380273	445059675	8595327	4034	254781		
贵州	208225797	204608476	1114785	14884			
云南	257622725	243270706	4078343	19230	58593		
西藏	12276204	12276204	257760				
陕西	269263768	262344962	11678738	75176	110192	42727	
甘肃	93822883	93470073	4976730	255722			
青海	21205847	21187519	308687		6078		
宁夏	34058832	32796217	25871				
新疆	89722895	86756989	2097566	2334			

4-2　续表 1　　单位：万元

地　区	内资						
	国有与集体联营	其他联营	国有独资公司	其他有限责任公司	股份有限公司	私营独资	私营合伙
全国总计	**1294622**	**2950094**	**1227367706**	**5266738736**	**326691378**	**36277968**	**3180175**
北　京			30908329	446552622	44763808		
天　津			54203599	149224964	7489752	1959235	
河　北			6432584	148190389	13162490	33018	
山　西			18134650	80720526	3515	3799	
内蒙古			3768088	39182676	80467		
辽　宁			9810917	93320273	4216255	4634371	59085
吉　林			5012950	39604415	1776748	408420	100
黑龙江			7850208	64216227	1851675	210806	
上　海			138544622	326953946	27943751	331414	
江　苏	1139520	121196	109105109	348558238	21877158	6119961	1133852
浙　江			88956339	388772448	12102025	2164244	192350
安　徽		116570	48532309	232985803	2534897	468382	387613
福　建			57559875	152750001	881027	53507	61686
江　西	55329	234704	24785776	89349150	2450672	606952	56305
山　东		9527	119009472	376857502	14407226	1895073	203844
河　南			24989679	285614860	4999356	445009	
湖　北			42106118	206049965	17500092	1006294	352289
湖　南			30617568	107095130	2786776	310535	184137
广　东		2468096	101343449	664624696	115112411	11518972	413367
广　西			51298599	133317795	991101	29037	
海　南			21411993	79889413	1588014	140664	
重　庆	99773		56808023	85906010	5514137	715665	
四　川			63932321	246124493	13550338	734148	24435
贵　州			29859664	114033404	471894	126234	
云　南			21349352	137227589	5928736	93218	85026
西　藏			8081083	2189106	16290	1315	
陕　西			29214799	133506425	881509	1160416	
甘　肃			7822336	41260879	1298042	638919	26084
青　海			1191681	10381626	135525	89285	
宁　夏			2001770	10967563	12810	49508	
新　疆			12724446	31310601	362883	329568	

4-2 续表2

单位：万元

地区	内资			港澳台商投资			
	私营有限责任公司	私营股份有限公司	其他内资企业		合资经营	合作经营	独资
全国总计	**3206001315**	**46128094**	**3472310**	**601019321**	**215808218**	**26012030**	**333468762**
北京	9700269	2002903		35441011	5800564	2708054	25721799
天津	62096142	409778	254500	16945855	6213127	1214592	9518136
河北	149777033	230999		4055069	2383869		1576077
山西	64078062	312185		545444	201667	8913	334864
内蒙古	49456532	857998					
辽宁	84850677	1313011	431656	21209564	9184471	114854	11811893
吉林	38077185	519688	119576	1326048	199822	367213	759013
黑龙江	20352654	207385	112812	1996841	366812		1630029
上海	118577562	5699241		70547172	31648228	1301777	36350584
江苏	381678295	4410821	400454	91708033	49591667	1669808	34945740
浙江	323193743	2124541		27155496	11578939	40016	14896682
安徽	70780887	1442801		5916370	2248337		3668033
福建	171368017	125715		32654905	17211482	173088	10319766
江西	71709122	1225725		7359504	3167142		3752279
山东	209412499	3997142	310173	31812861	17767079	692024	11251209
河南	136129968	1386002		11200386	619475	1465539	9115373
湖北	111433295	2943052	215397	12718173	5211208	845776	6138378
湖南	105056693	1181257	304906	6902834	1554324	140451	5208060
广东	383566543	5638800	164775	141445495	26007523	10631815	102317379
广西	59631614	209505		5791509	1572558	263239	3955712
海南	19599100	1072615		11160783	1184334	187023	4252122
重庆	135372776	1479695		30757451	13131288	3415539	13509383
四川	110299161	1230368	310269	10563520	2699781	772308	7091432
贵州	58561241	426371		3415423	539756		2875667
云南	71260700	3169919		11656023	1133322		10514355
西藏	1730650						
陕西	84550993	281297	842691	2589512	957633		1444571
甘肃	36237831	953532		303879	303879		
青海	9032517	42119					
宁夏	18673566	1065128		874258	774957		99301
新疆	39755988	168504	5101	2965906	2554977		410929

4-2 续表 3　　　　单位：万元

地　区	港澳台商投资		外商投资					
	股份有限	其　他		合资经营	合作经营	独　资	股份有限	其　他
全国总计	**17047414**	**8682898**	**340690831**	**133380928**	**17070893**	**178739539**	**3120688**	**8378783**
北　京		1210593	18714799	7973596	4039160	6702044		
天　津			5530844	574816		3329195	1522148	104685
河　北	57575	37548	2817138	393334	139105	2284700		
山　西			975966	28178		947788		
内蒙古			103188			103188		
辽　宁	98347		11575888	6003436		5572452		
吉　林			1281339	433381		801704		46254
黑龙江			1105239	1022315		82925		
上　海	454487	792096	31653596	11935148	5001810	13546745	42352	1127541
江　苏	1911424	3589394	35611620	17984125	1081208	15769129	370138	407021
浙　江	472716	167145	45646748	13541108		31996474		109166
安　徽			1666007	455981		1210026		
福　建	4417958	532610	34543140	6228487		28138579	176074	
江　西	5058	435024	2394315	1171707		921203		301405
山　东	1459157	643392	9312567	6248525	264706	2290282	175848	333207
河　南			2977635	793761		2113736	70138	
湖　北	516769	6042	9324474	2474668		5563279		1286527
湖　南			3519581	1834870	183253	1435566	6268	59624
广　东	1467853	1020926	92092764	42960175	4649261	40551343	170210	3761774
广　西			5497443	2308453		3188990		
海　南	5533381	3922	1651565	554937	348140	65868		682619
重　庆	465381	235860	8255092	2784631	528576	4354373	587512	
四　川			6757078	2509219	362693	3885167		
贵　州			201899	135555	32983	33360		
云　南		8346	2695997	1617947		1078050		
西　藏								
陕　西	187308		4329294	1259788	439999	2533080		96428
甘　肃			48931	39528		9403		
青　海			18328	18328				
宁　夏			388358	94933		230894		62531
新　疆								

4-3 各地区按资质等级分的房地产开发企业资产总计

单位：万元

地　区	总　计	一　级	二　级	三　级	四　级	暂　定	其　他
全国总计	**11338567327**	**1113510111**	**1763875341**	**1316256184**	**1137100374**	**4780415547**	**1227409770**
北　京	589799826	121301048	66507882	35233187	213459268	135258792	18039649
天　津	316806654	40995467	45346558	12870857	147374037	39581429	30638307
河　北	325843881	35048057	42937454	38474109	68803782	130216279	10364201
山　西	167086756	5219633	31374404	11997113	57024157	60359370	1112080
内蒙古	93542480	6447674	18863917	15147255	32748633	15414797	4920204
辽　宁	235265458	8582431	27479845	44176095	7494452	99037329	48495306
吉　林	89233552	2088517	17588355	9485247	6935147	51764123	1372165
黑龙江	98409256	2146418	18223855	38257414	1000196	20800121	17981252
上　海	745373747	148021547	111630182	39276186	106521	384885713	61453599
江　苏	1050550028	51960117	295630624	14646427	455320	575283810	112573729
浙　江	893119132	62765451	57141939	94424302	33036724	399960535	245790181
安　徽	369614732	23211673	38020928	54247159	6953427	205329868	41851677
福　建	451294216	62944526	79050462	62922680	28619006	184716118	33041425
江　西	202563587	3918797	16709897	29657459	13910834	121404079	16962520
山　东	793743461	64529391	92309616	88367486	71619449	391838789	85078730
河　南	470255305	47228332	59075651	43542495	10696017	258957177	50755633
湖　北	431241230	54301524	66780007	28085992	22919917	231294194	27859596
湖　南	260583134	13205614	27152937	59330963	52097661	100396517	8399442
广　东	1579793580	212203970	105913677	212596024	178560510	603066693	267452706
广　西	256922906	9784450	38649828	45516953	11120006	141744923	10106748
海　南	140047148	5852508	20401886	14364828	7785948	79705478	11936500
重　庆	328898034	47357444	141259962	17368564	235426	115862997	6813642
四　川	462380273	25890968	150581187	202165031	1800753	62076571	19865764
贵　州	208225797	2629386	48721836	29056272	11381237	107414997	9022070
云　南	257622725	26491006	43617802	11142136	51080191	98820504	26471087
西　藏	12276204	37692	7573483	1286064	1695819	1500796	182351
陕　西	269263768	15535989	43933688	26554306	53606130	77226251	52407403
甘　肃	93822883	4228826	15115334	18227042	23285210	31484191	1482281
青　海	21205847	924330	5848520	3742574	2618474	7001363	1070587
宁　夏	34058832	3209879	11574154	5392585	4054957	9164111	663147
新　疆	89722895	5447449	18859472	8701379	14621169	38847636	3245790

4-4　各地区按登记注册类型分的房地产开发企业负债合计

单位：万元

地　区	总　计	内　资					
			国　有	集　体	股份合作	国有联营	集体联营
全国总计	**9104835483**	**8445063894**	**189096686**	**9844622**	**4651902**	**1977353**	
北　京	476594547	433008061	122638	430103	442557		
天　津	256159214	239889763	14633511	125160			
河　北	292296507	286817491	1095149				
山　西	150128831	148994193	2070025	62901			
内蒙古	84438047	84363424	93161				
辽　宁	192130236	171734593	2964852	2446			
吉　林	77192421	75296396	925634				
黑龙江	68054061	65247750	289043	1918	140640		
上　海	512889302	455960015	16799099	607388	41926	78848	
江　苏	814823987	731741099	35384155	668933	786093	909105	
浙　江	720238767	669768593	2203473	26937	30267		
安　徽	291489704	286199355	2671053	4153	3925		
福　建	344955908	293552815	835488	66871	98422		
江　西	162361847	155870950	1782238	21264	31661	33984	
山　东	664502711	637272704	16178383	4081401	686973	130232	
河　南	401930635	392231167	1705094	122	24488	123233	
湖　北	341099554	326840175	20316938	336201	629367	338046	
湖　南	218643961	211672934	2160697	25834	117063		
广　东	1247816918	1068348354	34969682	2951155	1251543	119907	
广　西	202676040	194468412	125506	17627	11219		
海　南	114517134	104676396	2687627	60617		192472	
重　庆	248430128	223651614	3315319		1890	9572	
四　川	382905813	372006920	7159992	907	195291		
贵　州	172759933	169937269	1039386	13816			
云　南	217830388	206236395	2864955	21196	58796		
西　藏	8457548	8457548	130092				
陕　西	233129036	227750445	9692090	68303	95013	41954	
甘　肃	81865313	81538751	3646735	248251			
青　海	18955203	18941149	304862		4768		
宁　夏	29424079	28512268	18867				
新　疆	76137709	74076899	910945	1120			

4-4 续表 1 单位：万元

地区	内资						
	国有与集体联营	其他联营	国有独资公司	其他有限责任公司	股份有限公司	私营独资	私营合伙
全国总计	**1221651**	**2553117**	**822162936**	**4318889748**	**256686093**	**31509698**	**3009349**
北京			16051955	371279866	35036280		
天津			41544165	121198078	5945304	1435725	
河北			5412982	134484555	12049158	28337	
山西			13767446	72336538	3283	3455	
内蒙古			3128119	34165968	62807		
辽宁			7653881	76713337	3663648	3909362	55753
吉林			3832400	34692791	1234852	343742	
黑龙江			4223935	41448040	1942559	172581	
上海			75283305	246521853	19484776	313112	
江苏	1103058	113665	75143792	275235300	16418782	4952671	1059917
浙江			64929898	322990663	8583758	1775655	197804
安徽		109990	31674528	187637323	1723693	280532	348189
福建			34259998	117813960	527286	54362	56524
江西	50133	179400	16428521	71351238	2141353	571690	55108
山东		10004	84160486	325735286	11723746	1675405	203197
河南			16413389	245962673	4339619	425340	
湖北			27510207	168588107	11121058	933658	354539
湖南			23830048	90359229	2266561	267485	171401
广东		2140058	63528110	528071080	94931898	10492628	379763
广西			33353895	106761815	523625	25959	
海南			13389284	69660444	1203050	138775	
重庆	68460		34297191	65820228	4141567	688110	
四川			49550635	208014137	9817965	701134	22925
贵州			22369885	90796772	426883	130308	
云南			14074128	113592097	4959315	93785	81226
西藏			5020240	1890377	11290	450	
陕西			21961499	114973050	821287	1085281	
甘肃			6442186	36100883	1155363	560161	23003
青海			935331	9010794	136074	79822	
宁夏			1652851	9128352	1947	49351	
新疆			10338649	26554918	287306	320823	

4-4 续表 2

单位：万元

地　区	内	资		港澳台商投　资			
	私营有限责任公司	私营股份有限公司	其他内资企　业		合资经营	合作经营	独　资
全国总计	**2762833565**	**37478546**	**3148630**	**404356233**	**139025606**	**17606994**	**229101039**
北　京	8549073	1095591		28845536	4198192	1869141	22510706
天　津	54407002	349593	251224	12689332	4572875	1081840	7034618
河　北	133562118	185194		3039531	1950190		1011304
山　西	60413194	337352		305517	97612	10154	197751
内蒙古	46068986	844383					
辽　宁	75185618	1168865	416832	13363589	6750717	62545	6486218
吉　林	33653147	483570	130262	728058	112242	197400	418416
黑龙江	16755728	155301	118006	1738109	267913		1470196
上　海	92875492	3954215		38172264	14908938	727637	21488580
江　苏	315944755	3712695	308180	58696447	30920202	1190972	22660971
浙　江	267426082	1604056		13862635	6064517	21980	7232123
安　徽	60684516	1061452		4128628	1404899		2723729
福　建	139751532	88373		23277566	12568412	116007	7004263
江　西	62367208	857153		5260943	2379173		2573622
山　东	188872470	3614402	200720	20531326	11505413	622121	6692154
河　南	121768276	1468933		7211672	243636	181630	6786406
湖　北	93741819	2755040	215195	7117465	3520933	486104	2788519
湖　南	91106170	1073156	295291	4266368	1373379	61743	2831246
广　东	325160697	4190477	161356	106300527	19084570	7761038	77748144
广　西	53499699	149068		4005984	1081594	248007	2676383
海　南	17026568	317559		8587521	978786	127282	2930959
重　庆	114075193	1234086		19176512	9097318	2755763	6845232
四　川	95069830	1182247	291858	6223217	1377177	85632	4760408
贵　州	54832516	327702		2710993	510332		2200661
云　南	67321123	3169774		9536379	972284		8557836
西　藏	1405099						
陕　西	78048084	208766	755119	1592304	594083		973001
甘　肃	32539634	822535		297486	297486		
青　海	8432863	36635					
宁　夏	16801885	859015		629514	584174		45340
新　疆	35487191	171359	4589	2060810	1608557		452254

4-4 续表 3

单位：万元

地　区	港澳台商投资		外商投资					
	股份有限	其　他		合资经营	合作经营	独　资	股份有限	其　他
全国总计	**12675076**	**5947518**	**255415356**	**100553201**	**11817600**	**134724123**	**1969779**	**6350653**
北　京		267497	14740949	6016974	3447290	5276686		
天　津			3580120	263400		2372802	837463	106455
河　北	45458	32580	2439486	310343	139640	1989503		
山　西			829121	25614		803508		
内蒙古			74624			74624		
辽　宁	64110		7032055	4047631		2984424		
吉　林			1167967	516869		618347		32751
黑龙江			1068202	1032198		36003		
上　海	369890	677219	18757023	6811515	3042595	8218216	25084	659614
江　苏	1323030	2601271	24386441	12149885	438997	11307833	303567	186159
浙　江	406192	137823	36607539	11277912		25295803		33824
安　徽			1161721	257156		904565		
福　建	3194260	394623	28125527	5256709		22828821	39997	
江　西	3121	305028	1229955	778412		291740		159804
山　东	1226623	485015	6698681	4427008	116313	1760249	167394	227718
河　南			2487795	727040		1713853	46902	
湖　北	321120	789	7141915	1729532		4132747		1279636
湖　南			2704660	1214282	163728	1269840	5468	51341
广　东	790111	916664	73168037	34843229	3581882	31824371	62663	2855891
广　西			4201645	1782406		2419239		
海　南	4547142	3352	1253217	483625	128844	42910		597838
重　庆	358799	119401	5602002	2008665	19505	3092591	481240	
四　川			4675677	1999065	291210	2385401		
贵　州			111671	87804	9183	14685		
云　南		6258	2057614	1287521		770093		
西　藏								
陕　西	25220		3786286	1141718	438414	2109866		96288
甘　肃			29076	20423		8653		
青　海			14054	14054				
宁　夏			282297	42211		176752		63333
新　疆								

4-5　各地区按资质等级分的房地产开发企业负债合计

单位：万元

地　区	总　计	一　级	二　级	三　级	四　级	暂　定	其　他
全国总计	**9104835483**	**852958422**	**1367581825**	**1030600825**	**938911332**	**3939724365**	**975058714**
北　京	476594547	98148971	46556146	30162803	174125604	113848488	13752535
天　津	256159214	38663537	29799864	9835877	122224188	31139532	24496216
河　北	292296507	29794005	37387046	32944247	62112139	120656473	9402597
山　西	150128831	4532545	26593243	11080261	52079354	54853770	989659
内蒙古	84438047	5468694	16043609	13923565	30298265	14199156	4504759
辽　宁	192130236	7400164	20315193	36077842	4975258	81973671	41388108
吉　林	77192421	1333192	14926668	7964178	5646651	46115457	1206274
黑龙江	68054061	1863611	13172118	24043882	832464	16398775	11743211
上　海	512889302	100741637	75373892	26378674	54522	270884097	39456480
江　苏	814823987	39295226	222122304	9952466	422290	456206479	86825222
浙　江	720238767	45687960	43646818	74343816	25100767	331860666	199598740
安　徽	291489704	17125613	28646941	38189434	4948999	170159650	32419068
福　建	344955908	46598981	57468501	46106357	20038327	152033531	22710212
江　西	162361847	3084681	11385082	22795777	9866939	100780409	14448959
山　东	664502711	50402027	77170236	72062245	60568149	329711577	74588476
河　南	401930635	38097167	49261503	35304491	9427984	228736578	41102913
湖　北	341099554	37040949	51632515	21407786	18748156	188685792	23584357
湖　南	218643961	11050880	22339110	47690870	43128349	87770808	6663945
广　东	1247816918	164182848	88548745	152663531	136571349	498290013	207560432
广　西	202676040	8290717	27011552	33426193	8503283	118858796	6585499
海　南	114517134	4710471	15057845	10953786	6613806	66757391	10423835
重　庆	248430128	32930795	105567345	14251626	198697	90089332	5392334
四　川	382905813	19751392	124880179	169805723	1302662	50848571	16317286
贵　州	172759933	2438262	38343374	24136892	10633053	89858014	7350339
云　南	217830388	20753504	36770997	9745731	45573961	83701415	21284780
西　藏	8457548	35746	5166187	1074522	809054	1297405	74634
陕　西	233129036	13175530	39354815	22927702	45003230	67110320	45557439
甘　肃	81865313	2975483	13195825	15713881	20308255	28630165	1041704
青　海	18955203	872894	4797941	3320370	2488140	6479231	996628
宁　夏	29424079	2517690	10184908	4573700	3541960	8104841	500979
新　疆	76137709	3993248	14861326	7742600	12765479	33683961	3091094

4-6 各地区按登记注册类型分的房地产开发企业所有者权益合计

单位：万元

地 区	总 计	内 资					
			国 有	集 体	股份合作	国有联营	集体联营
全国总计	**2233731845**	**1951793282**	**68067813**	**1252220**	**1318198**	**544607**	**1379**
北 京	113205279	102635955	391765	38392	290632		
天 津	60647440	54440192	3927438	5876			
河 北	33547374	32154183	50013				
山 西	16957925	16571154	180246	-563			
内蒙古	9104433	9075869	370				
辽 宁	43135222	30745414	876141	324			
吉 林	12041131	11329769	181449				
黑龙江	30355195	30059426	58338	1660	13811		
上 海	232484445	187212965	7035412	340997	151504	67269	
江 苏	235726041	191489276	10156708	102314	259116	419348	
浙 江	172880365	150548296	538780	12030	-289		
安 徽	78125028	75833000	2102271	687	1002		
福 建	106338308	90543356	108043	9537	177981		
江 西	40201739	36938819	442967	-4875	30693	-1899	
山 东	129240750	115345330	5493283	-73156	48614	-30154	
河 南	68324671	63846117	640872	2284	95	16223	
湖 北	90141676	82358409	5789650	131056	34885	14560	1379
湖 南	41939172	38487786	316900	2662	563		
广 东	331976662	277906967	21148238	656853	227623	79210	
广 西	54246866	51165543	64	1644	245		
海 南	25530014	22558404	607639	6711		-22063	
重 庆	80467906	66233876	655343		5948	1340	
四 川	79474460	73052755	1435335	3127	59490		
贵 州	35465864	34671207	75399	1068			
云 南	39792337	37034311	1213388	-1966	-203		
西 藏	3818656	3818656	127668				
陕 西	36134732	34594517	1986648	6872	15179	773	
甘 肃	11957570	11931322	1329995	7471			
青 海	2250644	2246370	3826		1310		
宁 夏	4634753	4283949	7004				
新 疆	13585186	12680090	1186621	1214			

4-6 续表 1　　单位：万元

地　区	内资						
	国有与集体联营	其他联营	国有独资公司	其他有限责任公司	股份有限公司	私营独资	私营合伙
全国总计	**72972**	**396977**	**405204770**	**947848988**	**70005286**	**4768270**	**170826**
北　京			14856374	75272756	9727528		
天　津			12659434	28026886	1544448	523510	
河　北			1019602	13705834	1113333	4681	
山　西			4367204	8383988	232	344	
内蒙古			639969	5016709	17661		
辽　宁			2157036	16606936	552607	725010	3333
吉　林			1180550	4911624	541897	64679	100
黑龙江			3626272	22768188	-90885	38225	
上　海			63261317	80432093	8458975	18302	
江　苏	36463	7532	33961317	73322938	5458376	1167290	73935
浙　江			24026442	65781785	3518267	388589	-5454
安　徽		6580	16857782	45348480	811204	187850	39424
福　建			23299878	34936041	353741	-855	5162
江　西	5196	55304	8357255	17997912	309319	35262	1197
山　东		-477	34848987	51122217	2683481	219668	646
河　南			8576290	39652187	659737	19669	
湖　北			14595911	37461859	6379034	72636	-2250
湖　南			6787520	16735902	520214	43050	12736
广　东		328038	37815339	136553616	20180513	1026344	33605
广　西			17944704	26555979	467476	3078	
海　南			8022709	10228969	384964	1888	
重　庆	31313		22510833	20085782	1372570	27555	
四　川			14381686	38110357	3732373	33014	1510
贵　州			7489778	23236632	45010	-4075	
云　南			7275224	23635492	969421	-566	3801
西　藏			3060843	298730	5000	865	
陕　西			7253300	18533376	60222	75135	
甘　肃			1380149	5159996	142679	78758	3081
青　海			256350	1370832	-549	9464	
宁　夏			348919	1839211	10863	157	
新　疆			2385797	4755684	75576	8745	

4-6 续表 2 单位：万元

地区	内资			港澳台商投资			
	私营有限责任公司	私营股份有限公司	其他内资企业		合资经营	合作经营	独资
全国总计	**443167751**	**8649548**	**323679**	**196663088**	**76782612**	**8405036**	**104367723**
北京	1151196	907312		6595475	1602372	838913	3211093
天津	7689140	60185	3276	4256523	1640252	132752	2483519
河北	16214915	45805		1015538	433679		564774
山西	3664869	-25166		239927	104055	-1241	137114
内蒙古	3387546	13615					
辽宁	9665060	144145	14823	7845975	2433753	52310	5325675
吉林	4424038	36118	-10685	597989	87579	169813	340597
黑龙江	3596927	52085	-5194	258732	98899		159833
上海	25702070	1745026		32374908	16739290	574141	14862004
江苏	65733540	698126	92274	33011585	18671465	478836	12284768
浙江	55767662	520485		13292861	5514421	18035	7664558
安徽	10096371	381349		1787742	843438		944304
福建	31616485	37342		9377339	4643070	57081	3315503
江西	9341915	368572		2098561	787969		1178657
山东	20540029	382740	109453	11281535	6261666	69904	4559055
河南	14361692	-82932		3988714	375838	1283909	2328967
湖北	17691476	188012	202	5600707	1690275	359672	3349859
湖南	13950523	108101	9615	2636466	180944	78708	2376814
广东	58405847	1448323	3420	35144968	6922953	2870777	24569235
广西	6131915	60437		1785525	490964	15232	1279329
海南	2572532	755055		2573262	205548	59741	1321164
重庆	21297584	245609		11580939	4033970	659776	6664151
四川	15229331	48120	18411	4340304	1322604	686676	2331024
贵州	3728726	98668		704429	29424		675006
云南	3939576	145		2119643	161038		1956518
西藏	325551						
陕西	6502909	72530	87573	997208	363550		471570
甘肃	3698196	130997		6393	6393		
青海	599654	5484					
宁夏	1871681	206114		244743	190783		53961
新疆	4268797	-2855	512	905096	946420		-41325

4-6 续表 3

单位：万元

地区	港澳台商投资		外商投资					
	股份有限	其他		合资经营	合作经营	独资	股份有限	其他
全国总计	**4372338**	**2735380**	**85275475**	**32827727**	**5253293**	**44015415**	**1150909**	**2028130**
北京		943097	3973850	1956622	591870	1425358		
天津			1950725	311416		956393	684685	-1770
河北	12117	4968	377652	82991	-535	295197		
山西			146844	2565		144280		
内蒙古			28565			28565		
辽宁	34237		4543833	1955805		2588028		
吉林			113373	-83488		183357		13503
黑龙江			37038	-9883		46921		
上海	84597	114877	12896572	5123633	1959215	5328529	17268	467927
江苏	588393	988123	11225179	5834240	642211	4461296	66571	220862
浙江	66524	29322	9039209	2263196		6700671		75341
安徽			504286	198825		305461		
福建	1223698	137987	6417613	971778		5309759	136077	
江西	1938	129997	1164360	393296		629463		141601
山东	232533	158377	2613886	1821517	148393	530033	8454	105489
河南			489840	66721		399884	23236	
湖北	195649	5253	2182559	745136		1430532		6891
湖南			814921	620587	19525	165726	800	8283
广东	677742	104261	18924727	8116946	1067379	8726972	107547	905883
广西			1295798	526046		769751		
海南	986239	571	398347	71312	219296	22958		84781
重庆	106583	116459	2653091	775966	509071	1261781	106272	
四川			2081402	510154	71483	1499765		
贵州			90227	47752	23800	18676		
云南		2088	638382	330426		307957		
西藏								
陕西	162088		543007	118070	1585	423213		140
甘肃			19855	19105		750		
青海			4274	4274				
宁夏			106061	52721		54141		-802
新疆								

4-7 各地区按资质等级分的房地产开发企业所有者权益合计

单位：万元

地区	总计	一级	二级	三级	四级	暂定	其他
全国总计	**2233731845**	**260551690**	**396293516**	**285655359**	**198189042**	**840691183**	**252351056**
北京	113205279	23152077	19951736	5070384	39333665	21410304	4287114
天津	60647440	2331930	15546695	3034980	25149849	8441897	6142090
河北	33547374	5254052	5550408	5529861	6691642	9559806	961604
山西	16957925	687088	4781162	916852	4944802	5505599	122421
内蒙古	9104433	978980	2820308	1223690	2450368	1215641	415445
辽宁	43135222	1182267	7164652	8098253	2519195	17063658	7107198
吉林	12041131	755324	2661687	1521068	1288496	5648665	165891
黑龙江	30355195	282807	5051736	14213532	167733	4401345	6238042
上海	232484445	47279909	36256290	12897512	52000	114001615	21997119
江苏	235726041	12664891	73508320	4693961	33030	119077331	25748507
浙江	172880365	17077491	13495122	20080486	7935957	68099869	46191441
安徽	78125028	6086060	9373987	16057725	2004428	35170218	9432610
福建	106338308	16345545	21581960	16816324	8580679	32682587	10331212
江西	40201739	834117	5324815	6861682	4043895	20623670	2513562
山东	129240750	14127364	15139380	16305242	11051300	62127212	10490253
河南	68324671	9131165	9814149	8238004	1268034	30220599	9652720
湖北	90141676	17260575	15147492	6678206	4171761	42608403	4275239
湖南	41939172	2154735	4813826	11640093	8969312	12625709	1735497
广东	331976662	48021122	17364932	59932493	41989161	104776681	59892274
广西	54246866	1493733	11638276	12090759	2616723	22886127	3521248
海南	25530014	1142037	5344040	3411042	1172142	12948087	1512665
重庆	80467906	14426649	35692617	3116938	36729	25773664	1421308
四川	79474460	6139577	25701009	32359307	498090	11227999	3548478
贵州	35465864	191124	10378462	4919380	748183	17556983	1671732
云南	39792337	5737502	6846805	1396405	5506230	15119089	5186307
西藏	3818656	1946	2407296	211542	886765	203391	107717
陕西	36134732	2360459	4578874	3626605	8602900	10115931	6849964
甘肃	11957570	1253343	1919509	2513161	2976955	2854026	440577
青海	2250644	51436	1050579	422205	130334	522132	73959
宁夏	4634753	692188	1389245	818885	512997	1059270	162168
新疆	13585186	1454201	3998146	958779	1855690	5163675	154696

4-8 各地区按登记注册类型分的房地产开发企业营业利润

单位：万元

地区	总计	内资					
			国有	集体	股份合作	国有联营	集体联营
全国总计	**118340236**	**100100817**	**2124870**	**-7527**	**66408**	**11037**	
北京	2262153	1807564	9746	13615	2468		
天津	-688878	-984295	17008	-620			
河北	-406025	-450465	32815				
山西	1144641	1146709	2497	-246			
内蒙古	189297	143112	1553				
辽宁	491523	-130269	-27358	376			
吉林	462349	397319	45549				
黑龙江	341039	321241	12119	-33	-3057		
上海	10742933	8039777	262462	4068	3471	143	
江苏	16846523	14259565	330976	-7117	35838	34624	
浙江	11540558	10487791	42405	-871	-628		
安徽	3728526	3621773	80208	-66	144		
福建	4617949	3855735	-10985	-301	59		
江西	3728365	3481074	4469	-2809	22693	-2836	
山东	7864047	7359552	218983	-43639	-6059	-30772	
河南	4378445	4277374	-48730	-19	-542	-2642	
湖北	7371815	6645672	429543	-1942	8036	2241	
湖南	925211	893920	3352	1039	-1543		
广东	24888373	20431480	519577	34299	-5528	-1047	
广西	1749182	1346335	-2510	-566	-389		
海南	1354454	1022885	14665	-1800		11543	
重庆	4397104	2439573	4188		-17	-31	
四川	5402956	4988265	188806	135	12087		
贵州	536627	507747	-11202	-1272			
云南	937377	1011265	4720	-252	-1194		
西藏	175310	175310	584				
陕西	2359568	2131339	3919	518	479	-185	
甘肃	215447	205057	-1209	-10			
青海	301053	300835	1067		92		
宁夏	547102	391617	-80				
新疆	-64788	-24039	-4264	-15			

4-8 续表 1　　单位：万元

地区	内资						
	国有与集体联营	其他联营	国有独资公司	其他有限责任公司	股份有限公司	私营独资	私营合伙
全国总计	**818**	**12822**	**7174145**	**50360497**	**5424731**	**159872**	**7198**
北京			81640	1229303	495728		
天津			-357640	-525574	446420	-29742	
河北			-12826	-383531	-22212	1134	
山西			50044	948649	-88	-26	
内蒙古			29594	71033	-614		
辽宁			16284	-136805	51640	136901	-2398
吉林			62044	113059	17449	-783	
黑龙江			132768	250379	-31301	-8459	
上海			1499865	4768461	656666	-5706	
江苏	-4374	-2281	776508	5219587	505296	121701	12169
浙江			327859	3344938	-4298	-6613	1987
安徽		-3147	59886	2815178	44857	36018	-7708
福建			853729	948420	27099	-1636	-289
江西	5365	-4543	40152	1876145	27868	10748	-1342
山东		-74	318931	4499470	234437	-27152	-2923
河南			110294	1770114	68742	1114	
湖北			215522	4051486	203673	-583	-3615
湖南			-114141	519096	11682	4906	1075
广东		22867	1664915	10827451	2145573	-99181	-2180
广西			96532	1055363	-2562	-110	
海南			130987	564451	56869	2666	
重庆	-173		399706	773436	66858	1779	
四川			339409	1881844	440338	-14816	-496
贵州			208507	475961	18451	-859	
云南			26519	838232	-136877	-1287	11975
西藏			65894	25297	706	333	
陕西			177674	1840216	-7755	43930	
甘肃			-54445	164953	100264	-1144	943
青海			12538	271517	-1313	-2630	
宁夏			2080	149799	1151	-88	
新疆			13315	112570	9987	-541	

4-8　续表 2　　单位：万元

地　区	内资			港澳台商投资			
	私营有限责任公司	私营股份有限公司	其他内资企业		合资经营	合作经营	独资
全国总计	**34279293**	**475201**	**11452**	**12468503**	**6314802**	**692408**	**5246953**
北　京	-1880	-23056		134220	11520	6645	117719
天　津	-532598	-1340	-209	232538	211939	-13864	34463
河　北	-75790	9945		55120	65827		-9677
山　西	148531	-2651		-8836	-8192	-37	-607
内蒙古	42279	-733					
辽　宁	-272733	41435	62390	397288	211825	610	181904
吉　林	175150	-4458	-10691	20925	12987	-20088	28026
黑龙江	-25925	1088	-6338	23911	4807		19105
上　海	799963	50386		1991944	1490325	43986	465841
江　苏	7224017	37186	-24564	2402658	1336591	18360	1033430
浙　江	6761845	21168		433878	181369		254868
安　徽	573727	22677		49788	33910		15879
福　建	2038193	1446		438446	267674	-333	197032
江　西	1491041	14123		208721	25650		163014
山　东	2068131	121890	8330	445662	250367	-5182	254258
河　南	2352622	26421		93835	43476	22198	28161
湖　北	1708075	33322	-87	269622	46671	-6642	228949
湖　南	487571	-18132	-984	-92327	38136	16093	-146557
广　东	5212747	114433	-2446	2366803	333289	604078	1277753
广　西	191868	8710		221751	12138	-6657	216270
海　南	233768	9736		338088	4825	847	247186
重　庆	1197031	-3204		2119796	1662667	22067	401805
四　川	2152641	2485	-14167	272566	40183	10328	222055
贵　州	-179569	-2269		27735	-1535		29270
云　南	286227	-16798		-95909	-52929		-42941
西　藏	82497						
陕　西	72090	-135	588	29447	30192		5
甘　肃	1382	-5677		-3477	-3477		
青　海	19466	99					
宁　夏	201070	37685		135059	88495		46564
新　疆	-154141	-580	-370	-40749	-23928		-16821

4-8 续表 3 单位：万元

地区	港澳台商投资		外商投资					
	股份有限	其他		合资经营	合作经营	独资	股份有限	其他
全国总计	**222741**	**-8401**	**5770916**	**2146254**	**405114**	**3147747**	**96227**	**-24426**
北京		-1664	320369	231243	5830	83297		
天津			62880	-12		-19865	90665	-7908
河北	-998	-32	-10681	-34694	-575	24588		
山西			6767	-185		6953		
内蒙古			46186			46186		
辽宁	2949		224504	55697		168807		
吉林			44106	-3901		48499		-492
黑龙江			-4113	-1572		-2541		
上海	8099	-16308	711213	70049	368105	276343	-237	-3048
江苏	-932	15209	184301	233265	42446	-101090	11348	-1668
浙江		-2359	618889	156618		464483		-2212
安徽			56965	-1196		58160		
福建	-23259	-2668	323768	-64532		383970	4330	
江西		20057	38571	36218		5132		-2779
山东	-38911	-14870	58833	73156	27538	-28498	-5302	-8061
河南			7236	-4781		11980	37	
湖北	648	-3	456520	234756		231674		-9909
湖南			123618	68113	-5075	53600	0	6980
广东	156219	-4536	2090089	1015119	-26452	1082550	7665	11208
广西			181095	79348		101747		
海南	85230		-6519	-7775	3202	-815		-1131
重庆	34446	-1189	-162265	-60116	-1977	-87893	-12279	
四川			142125	22280	-7714	127558		
贵州			1146	-104	1805	-556		
云南		-40	22021	-19681		41703		
西藏								
陕西	-750		198782	37364	-2020	168462		-5024
甘肃			13868	13430		438		
青海			218	218				
宁夏			20425	17929		2878		-382
新疆								

4-9　各地区按资质等级分的房地产开发企业营业利润

单位：万元

地　区	总 计	一 级	二 级	三 级	四 级	暂 定	其 他
全国总计	**118340236**	**17459031**	**21941884**	**16360436**	**7932937**	**43443421**	**11202529**
北　京	2262153	1144695	354618	8212	-433225	1000728	187124
天　津	-688878	-424689	365207	200387	-334007	-184103	-311672
河　北	-406025	-103975	260069	278323	214131	-937062	-117511
山　西	1144641	139528	297682	73984	241769	349342	42336
内蒙古	189297	63202	87886	-16659	34577	-109342	129633
辽　宁	491523	84789	-34204	-135569	32858	250532	293116
吉　林	462349	55124	286745	87039	84990	-78194	26645
黑龙江	341039	-30080	139421	174756	-10949	-37092	104983
上　海	10742933	1671527	1779024	710203	2143	5699280	880757
江　苏	16846523	979408	5774065	359212	-1084	8244464	1490460
浙　江	11540558	1681231	862949	1514330	770868	4702903	2008277
安　徽	3728526	747196	520027	620148	11966	1641797	187393
福　建	4617949	412800	1096149	986348	321795	1930937	-130081
江　西	3728365	106181	275860	418686	263900	2209270	454468
山　东	7864047	1552450	745290	1361121	658488	3145544	401154
河　南	4378445	477576	310256	284941	126042	2488518	691112
湖　北	7371815	941261	1543369	649822	508326	3227237	501801
湖　南	925211	144233	136672	473414	373014	-266438	64317
广　东	24888373	4798913	1974892	4959211	4089390	6111172	2954795
广　西	1749182	145654	205279	187435	77083	1065070	68661
海　南	1354454	291034	201856	17926	141349	521989	180300
重　庆	4397104	1904025	1574315	75233	-1930	825391	20070
四　川	5402956	485301	1269254	2501857	5815	947833	192897
贵　州	536627	2293	658381	12469	-75995	-103604	43084
云　南	937377	-129940	265107	143448	172733	195408	290620
西　藏	175310		99275	25730	41927	8035	343
陕　西	2359568	138906	516829	215429	317408	626525	544471
甘　肃	215447	54558	36834	98926	195070	-165656	-4285
青　海	301053	14059	38604	44483	21735	161663	20510
宁　夏	547102	101736	245703	28383	-20148	137025	54404
新　疆	-64788	10037	54471	1209	102899	-165753	-67650

4-10 各地区按登记注册类型分的房地产开发企业利润总额

单位：万元

地 区	总 计	内 资					
			国 有	集 体	股份合作	国有联营	集体联营
全国总计	**114069168**	**95854589**	**2194208**	**-7558**	**64889**	**14692**	
北 京	2174437	1699767	9598	14903	3825		
天 津	-1160163	-1448154	19070	-620			
河 北	-561634	-621111	32761				
山 西	1073561	1077222	3967	-289			
内 蒙 古	100382	54100	1553				
辽 宁	356776	-229081	-28228	376			
吉 林	478437	383954	45556				
黑 龙 江	305286	286723	12148	-33	-3027		
上 海	10836125	8097036	275319	5037	3474	143	
江 苏	16470092	13821612	320371	-7117	35862	34649	
浙 江	11152582	10107275	42831	-916	-207		
安 徽	3641738	3520090	88433	-76	-60		
福 建	4451634	3745534	-10618	-300	18		
江 西	3567911	3319673	3207	-2809	22703	-2836	
山 东	7804240	7310331	253398	-42647	-6024	-30787	
河 南	4278893	4185572	-46659	-19	-542	1021	
湖 北	7196074	6452035	428841	-2310	7993	2281	
湖 南	1011912	977454	4503	1039	-3037		
广 东	24160557	19759637	512633	31388	-7218	-1019	
广 西	1650223	1239243	-2512	-613	-389		
海 南	1390698	1074196	15775	-1841		11478	
重 庆	4284003	2334318	6258		-17	-31	
四 川	5504510	5098090	190618	135	12086		
贵 州	454741	431233	1318	-1271			
云 南	106374	191297	4811	-236	-1195		
西 藏	194747	194747	727				
陕 西	2234277	2006407	4030	573	420	-207	
甘 肃	159189	148784	-3498	88			
青 海	286312	286093	1122		225		
宁 夏	515241	359760	37				
新 疆	-49988	-9250	6835	0			

4-10　续表 1　　　　单位：万元

地　区	内资						
	国有与集体联营	其他联营	国有独资公司	其他有限责任公司	股份有限公司	私营独资	私营合伙
全国总计	**761**	**10914**	**7769744**	**48665471**	**5144851**	**135537**	**6237**
北　京			90773	1126954	483285		
天　津			-364430	-655544	146443	-29775	
河　北			-22320	-456084	-22575	1134	
山　西			49948	901880	-88	-26	
内蒙古			23822	30882	-615		
辽　宁			12731	-222762	51145	143206	-2453
吉　林			63300	104664	16746	-758	
黑龙江			135950	233116	-31792	-8689	
上　海			1522717	4798884	658924	-5706	
江　苏	-4408	-3005	854301	5076643	512503	121342	12200
浙　江			369011	3417983	4660	-6688	1989
安　徽		-3192	66546	2744194	44282	36033	-7830
福　建			861443	912857	27161	-1626	-289
江　西	5363	-4534	20443	1819004	25134	8717	-1493
山　东		-74	421299	4400782	237337	-28548	-2924
河　南			117442	1726476	67714	764	
湖　北			214056	4013396	192977	-923	-3614
湖　南			77636	486369	11883	4284	1073
广　东		21717	1715395	10460457	2196627	-119024	-2802
广　西			98520	999715	-2312	-111	
海　南			131132	669693	53852	2558	
重　庆	-194		417253	794895	67251	-1175	
四　川			407032	2005196	443164	-14893	-510
贵　州			214965	417517	18506	-987	
云　南			37960	344581	-157455	-2061	11914
西　藏			74287	25299	706	298	
陕　西			179449	1839888	-10962	43036	
甘　肃			-54566	146538	100051	-1390	978
青　海			9202	267771	-1439	-2662	
宁　夏			9264	133861	1149	-88	
新　疆			15183	100369	10587	-706	

4-10 续表 2

单位：万元

地　　区	内资 私营有限责任公司	资 私营股份有限公司	其他内资企业	港澳台商投资	合资经营	合作经营	独资
全国总计	**31403830**	**442165**	**8848**	**12316492**	**6200544**	**696679**	**5230043**
北　京	-5585	-23987		157397	12275	7693	139083
天　津	-560008	-1305	-1985	227607	212902	-13341	28045
河　北	-163940	9913		56021	65527		-8428
山　西	124481	-2652		-9074	-8193	-37	-844
内蒙古	-53	-1489					
辽　宁	-286948	41762	62090	387285	203982	613	179741
吉　林	170975	-5843	-10685	17807	13054	-20076	24828
黑龙江	-45698	1102	-6355	22824	3113		19711
上　海	787815	50431		2026316	1497266	44504	493972
江　苏	6862069	32380	-26176	2371664	1311673	18099	1038518
浙　江	6254544	24067		428312	170565	-110	260988
安　徽	529013	22747		65948	34476		31471
福　建	1955476	1412		402450	258054	-313	170679
江　西	1413855	12921		210101	27224		163305
山　东	2001192	98938	8389	437395	244705	-5175	250048
河　南	2294623	24751		87067	41231	22198	23638
湖　北	1562459	36965	-87	238781	26539	-6914	218612
湖　南	412883	-19178		-89454	38288	16152	-143893
广　东	4840963	112892	-2372	2299738	318507	606979	1230480
广　西	138114	8832		231286	13775	-6641	224152
海　南	182074	9475		333648	4613	864	247858
重　庆	1054015	-3938		2121014	1656135	21707	410119
四　川	2065169	4244	-14152	267314	37255	10477	219582
贵　州	-216425	-2390		22329	-1477		23805
云　南	-28134	-18889		-105918	-60308		-45570
西　藏	94189	-758					
陕　西	-50721	249	651	17647	18173		343
甘　肃	-32096	-7322		-3519	-3519		
青　海	11790	84					
宁　夏	178123	37414		135246	88637		46609
新　疆	-140386	-662	-470	-40737	-23928		-16809

4-10　续表 3　　　　单位：万元

地　区	港澳台商投资		外商投资					
	股份有限	其　他		合资经营	合作经营	独　资	股份有限	其　他
全国总计	**202926**	**-13699**	**5898087**	**2188021**	**489037**	**3134403**	**98430**	**-11803**
北　京		-1654	317274	230788	6112	80374		
天　津			60385	1214		-22194	89238	-7873
河　北	-1046	-32	3456	-34777	-498	38731		
山　西			5413	-185		5599		
内蒙古			46282			46282		
辽　宁	2949		198572	54109		144463		
吉　林			76676	-3943		81106		-487
黑龙江			-4260	-1691		-2569		
上　海	6788	-16214	712773	76499	368446	264675	-202	3356
江　苏	-12196	15571	276816	253464	124956	-110869	10906	-1642
浙　江	-753	-2379	616996	146945		472262		-2212
安　徽			55701	-1318		57019		
福　建	-23307	-2663	303649	-64113		363429	4333	
江　西	-491	20064	38137	35637		5233		-2732
山　东	-37320	-14863	56515	71203	27438	-28778	-5296	-8053
河　南			6254	-5236		11459	32	
湖　北	547	-3	505257	284845		230359		-9947
湖　南			123911	68638	-5017	53342	0	6948
广　东	154165	-10393	2101181	1010033	-25718	1088027	11609	17231
广　西			179695	79058		100637		
海　南	80342	-29	-17147	-18547	3194	-817		-977
重　庆	34116	-1064	-171329	-60107	-1920	-97114	-12189	
四　川			139106	15602	-7708	131212		
贵　州			1179	-65	1799	-555		
云　南		-40	20994	-19111		40105		
西　藏								
陕　西	-868		210223	37439	-2048	179861		-5029
甘　肃			13924	13490		434		
青　海			218	218				
宁　夏			20236	17931		2692		-387
新　疆								

4-11 各地区按资质等级分的房地产开发企业利润总额

单位：万元

地区	总计	一级	二级	三级	四级	暂定	其他
全国总计	**114069168**	**16947495**	**21501469**	**16311667**	**6745992**	**41491112**	**11071433**
北京	2174437	1143491	358477	4869	-495635	982321	180914
天津	-1160163	-529799	361847	191678	-753413	-146994	-283481
河北	-561634	-104330	246517	241736	171570	-996729	-120398
山西	1073561	138607	282553	73297	215977	320919	42208
内蒙古	100382	56436	68919	-10044	-19444	-115636	120151
辽宁	356776	80514	-52295	-131346	38840	168146	252918
吉林	478437	57173	279898	86329	90000	-60203	25240
黑龙江	305286	-30855	106411	175828	-10511	-50360	114774
上海	10836125	1642750	1800156	734630	2017	5750645	905928
江苏	16470092	1044164	5670179	333058	-1198	7950398	1473490
浙江	11152582	1314981	861291	1557084	759631	4584258	2075338
安徽	3641738	747117	526947	610600	11899	1559188	185987
福建	4451634	410384	1084746	964423	300904	1827133	-135958
江西	3567911	106882	251853	412715	267010	2048173	481278
山东	7804240	1544115	774627	1342357	677935	3069343	395863
河南	4278893	471676	287035	280838	115652	2432587	691105
湖北	7196074	916110	1533211	652623	496787	3185297	412046
湖南	1011912	162858	126712	425286	371233	-119930	45753
广东	24160557	4799297	1985719	4931724	3970515	5568676	2904627
广西	1650223	154143	211148	165182	75193	976134	68424
海南	1390698	290255	166734	11089	122240	620523	179859
重庆	4284003	1892606	1582742	101082	-1563	686676	22460
四川	5504510	479793	1338568	2635999	-16917	869498	197569
贵州	454741	2874	634008	3420	-88900	-137433	40772
云南	106374	-146574	113	135548	-210091	52730	274648
西藏	194747		119296	24167	42079	8719	487
陕西	2234277	139746	504491	209332	298324	560781	521604
甘肃	159189	51119	24220	97602	181018	-190610	-4159
青海	286312	13693	34936	39178	18637	159334	20534
宁夏	515241	102126	237960	14939	-23463	129268	54411
新疆	-49988	-3857	92453	-3553	139666	-201738	-72959

4-12　各地区按登记注册类型分的房地产开发企业主营业务收入

单位：万元

地　区	总　计	内　资					
			国　有	集　体	股份合作	国有联营	集体联营
全国总计	**1343422367**	**1247655090**	**16805475**	**1146826**	**823244**	**524535**	
北　京	46404155	44415629	27983	33037	28809		
天　津	26802485	24402582	487567				
河　北	26280017	25686787	167411				
山　西	18468682	18337362	109052	98			
内蒙古	10358069	10145358	19236				
辽　宁	26207325	22683406	64312	6600			
吉　林	11298541	10719539	262460				
黑龙江	7940940	7841503	65842		463		
上　海	54580515	44049877	1113270	55615	3413	1835	
江　苏	168175490	148295538	3470066	116501	531409	386015	
浙　江	130679037	124372357	163144	674	319		
安　徽	59562353	58581850	348723	123	479		
福　建	44212637	38746255	51606	1218	2851		
江　西	33053458	31527651	149942		93402		
山　东	100106569	94134497	1847868	193391	70	58157	
河　南	53808236	53125094	55533			299	
湖　北	61271436	57792397	2176942	40044	44700	37571	
湖　南	40350121	39151945	256526	21132	438		
广　东	171189735	153285582	2926410	623861	29938	100	
广　西	28150618	26064846	7691	2508	148		
海　南	13731771	12305027	255634	410		40450	
重　庆	40273277	36423260	214376		51	18	
四　川	68727935	66630050	1683053	39019	76321		
贵　州	18652607	18286615	176618	855			
云　南	24722768	24033445	132329	4			
西　藏	1158867	1158867	5633				
陕　西	27198415	26084740	313748	10697	10433	92	
甘　肃	9940402	9897126	91952	85			
青　海	3548770	3548200	40806				
宁　夏	6256795	5621585	1479				
新　疆	10310342	10306119	118266	955			

4-12 续表 1

单位：万元

地区	内资						
	国有与集体联营	其他联营	国有独资公司	其他有限责任公司	股份有限公司	私营独资	私营合伙
全国总计	**67363**	**58175**	**62888110**	**633562721**	**21162061**	**3189306**	**496212**
北京			2496646	40463181	616909		
天津			1492497	15168116	710179	39	
河北			346099	10916470	8963	1891	
山西			930410	8980963			
内蒙古			388403	4317973	2441		
辽宁			611598	10225949	677598	1049329	7801
吉林			754756	4668048	119185	6857	
黑龙江			352117	4300222	265781	19394	
上海			5508307	26187841	1339800	20	
江苏	45219	2717	6256755	55122970	4115682	787628	259391
浙江			4365648	48673562	120562		64
安徽			2154369	41889379	516623	199970	78
福建			3188085	13875292	156310		
江西	22145		887131	15002869	351118	44813	7
山东			5351422	49688912	1545414	50801	
河南			1318535	27979952	495890	62233	
湖北			1732190	31615873	1643595	67615	362
湖南			1555348	17162173	491556	72430	55468
广东		55458	6094987	84518762	4911756	292209	3169
广西			1368807	16692749	9466		
海南			508193	8345692	260122	29910	
重庆			3167473	11451850	929436	65984	
四川			5763691	34944108	813240	32291	46
贵州			1314266	9800524	112716	8368	
云南			851570	14498108	385868	835	161401
西藏			376993	380233	4278	368	
陕西			1842637	14605487	34653	336719	
甘肃			954220	3643994	352036	41631	8425
青海			127305	1997164	8030	3456	
宁夏			397183	2033108	22057		
新疆			430470	4411199	140798	14516	

4-12　续表 2　　　　　　　　　　　　　　　　　　单位：万元

地　区	内资			港澳台商投　资			
	私营有限责任公司	私营股份有限公司	其他内资企　业		合资经营	合作经营	独　资
全国总计	**501637574**	**4918351**	**375135**	**62662819**	**27138950**	**3170685**	**30367579**
北　京	682690	66375		866934	125042	126666	615226
天　津	6543944	176	66	1497581	740607	18401	738573
河　北	14167686	78268		380247	298601		76955
山　西	8235140	81698		66587	92		66495
内蒙古	5410491	6814					
辽　宁	9429983	328643	281594	2089121	699637	16860	1333852
吉　林	4848221	60012		170542	50705	41403	78435
黑龙江	2780223	57462		66196	27522		38674
上　海	9470239	369539		7487477	4318778	199295	2902160
江　苏	76645618	552251	3317	14658139	8776224	117562	5410851
浙　江	70994747	53638		3118936	1980606		1138312
安　徽	13262318	209787		708213	358216		349997
福　建	21454265	16628		2690256	1691666	15324	975898
江　西	14830977	145248		1319913	368554		803669
山　东	34860134	510623	27707	5072944	2819553	9754	2243575
河　南	23080426	132226		478096	165289	58028	254779
湖　北	20034794	398712		1786552	619786	29816	1125768
湖　南	19404680	132140	55	666035	21856	113704	530475
广　东	53420673	353700	54561	11647416	2517306	2009163	6579184
广　西	7918059	65420		891276	163986	71	727219
海　南	2835410	29207		1399792	99492	3540	658518
重　庆	20374385	219688		3223263	297368	303549	2448014
四　川	22915521	362759		1018987	319825	107549	591613
贵　州	6830986	42281		323693	58391		265303
云　南	7797857	205475		356920	100904		256016
西　藏	391362						
陕　西	8916035	6403	7836	196057	159172		36147
甘　肃	4771352	33431		4482	4482		
青　海	1357302	14137					
宁　夏	2814671	353086		472945	351132		121813
新　疆	5157388	32526		4222	4162		61

4-12 续表 3

单位：万元

地区	港澳台商投资		外商投资					
	股份有限	其他		合资经营	合作经营	独资	股份有限	其他
全国总计	**1533132**	**452473**	**33104459**	**12367122**	**2828099**	**16783979**	**885599**	**239660**
北京			1121592	508391	356721	256480		
天津			902321	17718		243711	640893	
河北	4690		212984	3605		209379		
山西			64733	355		64378		
内蒙古			212711			212711		
辽宁	38773		1434798	794892		639906		
吉林			408460	829		406984		647
黑龙江			33240	28977		4263		
上海	67244		3043161	552004	1484576	1004306	1062	1213
江苏	193947	159556	5221813	2290819	586905	2313554	29636	900
浙江		18	3187745	1489571		1698174		
安徽			272289	3065		269224		
福建	7368		2776126	515072		2260910	145	
江西	1730	145961	205894	149429		49121		7344
山东	36	25	899129	630020	87194	181843	45	27
河南			205046	31378		171035	2633	
湖北	11183		1692487	846074		845030		1383
湖南			532142	385868		110979	4996	30300
广东	399194	142570	6256737	2557697	246679	3098951	169910	183499
广西			1194496	592359		602138		
海南	638242		26952	201	11631	773		14347
重庆	169988	4344	626755	185250	37427	367797	36280	
四川			1078899	363400		715499		
贵州			42299	31222	11077			
云南			332403	33703		298700		
西藏								
陕西	738		917619	182226	5889	729504		
甘肃			38794	31061		7733		
青海			571	571				
宁夏			162265	141366		20899		
新疆								

4-13　各地区按资质等级分的房地产开发企业主营业务收入

单位：万元

地　区	总　计	一　级	二　级	三　级	四　级	暂　定	其　他
全国总计	**1343422367**	**60468845**	**184237376**	**162637474**	**142288210**	**649751389**	**144039072**
北　京	46404155	3055439	4172472	1200721	17665781	19672834	636909
天　津	26802485	165450	2547927	1610295	18036715	3288514	1153584
河　北	26280017	1473948	3489607	4746701	7197312	8202014	1170436
山　西	18468682	891228	3269103	1653587	7024373	5364592	265799
内蒙古	10358069	518576	1511392	1419726	4664572	1345577	898227
辽　宁	26207325	819310	2310511	4161110	63348	11408550	7444498
吉　林	11298541	326154	1576627	1089859	1649414	6315584	340902
黑龙江	7940940	197129	1255805	3415232	167924	2079436	825415
上　海	54580515	1362625	4838898	3232288	6970	41516437	3623296
江　苏	168175490	5275136	46036451	2027603	66383	98149851	16620068
浙　江	130679037	3617186	6279177	12910975	6603937	68486664	32781098
安　徽	59562353	3038700	5127846	6853712	987320	38018589	5536186
福　建	44212637	2916077	4200275	7935120	2838323	23097185	3225658
江　西	33053458	539858	1436926	3418360	2219207	21944637	3494471
山　东	100106569	9312494	10391424	12218218	9574808	48486836	10122788
河　南	53808236	2671902	6036843	4173340	1261609	33044942	6619600
湖　北	61271436	4169655	8685382	4429293	4382895	34847377	4756834
湖　南	40350121	2260019	3611259	8790697	9170641	15581546	935960
广　东	171189735	5967064	9543729	23765060	28769799	75603031	27541052
广　西	28150618	1132455	2405223	3900459	1134925	18848226	729330
海　南	13731771	635290	1445562	1364488	949539	7460428	1876464
重　庆	40273277	3134595	16399419	2613606	34712	17436444	654503
四　川	68727935	3201512	17405813	33645975	141929	10873355	3459352
贵　州	18652607	235393	4604150	2153090	1609283	9272464	778227
云　南	24722768	560448	3900317	1669247	5206662	10642387	2743708
西　藏	1158867		607985	198662	199470	147214	5535
陕　西	27198415	830828	5369143	3184855	4865251	8093558	4854780
甘　肃	9940402	408766	1505653	2611787	2956984	2420545	36667
青　海	3548770	356532	746463	560695	321029	1266373	297678
宁　夏	6256795	975256	2042254	690455	685965	1622397	240468
新　疆	10310342	419825	1483741	992259	1831131	5213805	369581

第二部分　城市篇

第五章　35 个大中城市房地产综合情况

5-1 35个大中城市按登记注册类型分的房地产开发企业个数

单位：个

地 区	总 计	内 资					
			国 有	集 体	股份合作	国有联营	集体联营
总 计	**30822**	**28623**	**570**	**48**	**28**	**8**	
北 京	1257	1175	1	3	5		
天 津	1182	1107	37	3			
石家庄	593	588	1				
太 原	684	677	1				
呼和浩特	216	216					
沈 阳	598	523	5				
大 连	519	459	8				
长 春	638	625	7				
哈尔滨	483	472	5		3		
上 海	2692	2314	91	14	1	2	
南 京	710	626	40		1	2	
杭 州	1480	1374	2				
宁 波	1016	932	3		1		
合 肥	704	680	4		1		
福 州	745	688	2	2	1		
厦 门	400	297	2				
南 昌	586	543	17	1			
济 南	656	624	24		2		
青 岛	1227	1084	18	3	2	1	
郑 州	1519	1487	13				
武 汉	1221	1151	65		2	1	
长 沙	882	845	4				
广 州	1397	1123	51	14	2		
深 圳	811	715	28	2	3		
南 宁	672	634	1				
海 口	333	320	20	2		1	
重 庆	2349	2243	24		1	1	
成 都	1516	1453	24		1		
贵 阳	594	577	6	2			
昆 明	762	738	11				
西 安	934	900	35	1	2		
兰 州	415	412	17	1			
西 宁	151	150	2				
银 川	349	342					
乌鲁木齐	531	529	1				

5-1 续表 1

单位：个

地　区	内资						
	国有与集体联　营	其他联营	国有独资公　司	其他有限责任公司	股份有限公　司	私营独资	私营合伙
总　计	**1**	**5**	**1233**	**13475**	**333**	**116**	**15**
北　京			36	1031	11		
天　津			78	595	21	12	
石家庄			9	217		1	
太　原			27	275			
呼和浩特			5	78			
沈　阳			9	229	9	21	
大　连			12	180	7	8	
长　春			14	208	11	4	
哈尔滨			10	204	10	4	
上　海			211	1143	27	3	
南　京		1	21	245	15	3	4
杭　州			23	567	8	1	
宁　波			27	365	5	4	1
合　肥			39	479	5	2	1
福　州			17	155	1	1	1
厦　门			39	122	2		
南　昌			19	248	5	2	
济　南			26	352	11	3	
青　岛			38	579	21	3	
郑　州			29	914	19		
武　汉			56	585	32	6	2
长　沙			42	375	4		
广　州		3	49	550	10	9	2
深　圳		1	21	255	29	8	1
南　宁			36	330	1		
海　口			9	192	1	1	
重　庆	1		88	497	32	10	
成　都			94	876	8	3	
贵　阳			28	302	4		
昆　明			27	395	11	1	1
西　安			44	419	2	1	
兰　州			15	144	4	1	1
西　宁			8	40	2	1	1
银　川			14	128		1	
乌鲁木齐			13	201	5	2	

5-1　续表 2　　　　单位：个

地　区	内资			港澳台商投资			
	私营有限责任公司	私营股份有限公司	其他内资企业		合资经营	合作经营	独资
总　计	**12624**	**156**	**11**	**1432**	**539**	**95**	**756**
北　京	87	1		38	11	10	16
天　津	355	3	3	45	18	3	24
石家庄	360						
太　原	372	2		4	1		3
呼和浩特	133						
沈　阳	249	1		51	18		33
大　连	239	3	2	43	17	2	24
长　春	374	6	1	8	3	1	4
哈尔滨	231	4	1	8	4		4
上　海	802	20		272	102	9	153
南　京	289	4	1	68	43	1	19
杭　州	772	1		70	25	1	43
宁　波	522	4		34	20		14
合　肥	147	2		18	9		9
福　州	508			37	19	1	16
厦　门	132			62	16	3	42
南　昌	250	1		32	18		13
济　南	202	4		22	12		9
青　岛	410	8	1	98	60	2	28
郑　州	510	2		21	8	2	11
武　汉	399	3		43	17	2	19
长　沙	415	4	1	25	9	1	15
广　州	432	1		176	26	49	99
深　圳	359	8		78	22	2	52
南　宁	263	3		14	5		9
海　口	93	1		9	2		7
重　庆	1559	30		70	16	4	45
成　都	440	6	1	36	11	2	23
贵　阳	232	3		14	9		5
昆　明	280	12		16	8		8
西　安	394	2		14	6		7
兰　州	219	10		1	1		
西　宁	95	1					
银　川	194	5		3	2		1
乌鲁木齐	306	1		2	1		1

5-1 续表 3

单位：个

地区	港澳台商投资		外商投资					
	股份有限	其他		合资经营	合作经营	独资	股份有限	其他
总计	**25**	**17**	**767**	**331**	**35**	**371**	**13**	**17**
北京		1	44	23	8	13		
天津			30	7		18	4	1
石家庄			5	3	1	1		
太原			3	1		2		
呼和浩特								
沈阳			24	10		14		
大连			17	13		4		
长春			5	2		3		
哈尔滨			3	2		1		
上海	5	3	106	34	5	62	1	4
南京	3	2	16	7	2	7		
杭州	1		36	22		14		
宁波			50	18		32		
合肥			6	1		5		
福州	1		20	8		12		
厦门		1	41	8		32	1	
南昌		1	11	5		5		1
济南	1		10	3		6	1	
青岛	6	2	45	32	2	8	1	2
郑州			11	1		10		
武汉	4	1	27	13		13		1
长沙			12	6	1	5		
广州		2	98	44	11	37	1	5
深圳	1	1	18	5	1	10	1	1
南宁			24	14		10		
海口			4	2		1		1
重庆	2	3	36	18	2	13	3	
成都			27	8	1	18		
贵阳			3	3				
昆明			8	4		4		
西安	1		20	11	1	8		
兰州			2	1		1		
西宁			1	1				
银川			4	1		2		1
乌鲁木齐								

5-2　35个大中城市按资质等级分的房地产开发企业个数

单位：个

地　区	总　计	一　级	二　级	三　级	四　级	暂　定	其　他
总　计	**30822**	**622**	**3180**	**4794**	**3471**	**14771**	**3984**
北　京	1257	46	61	66	639	367	78
天　津	1182	15	50	55	722	207	133
石家庄	593	6	33	43	141	368	2
太　原	684	4	68	61	259	270	22
呼和浩特	216	3	15	34	110	44	10
沈　阳	598	4	33	63	1	276	221
大　连	519	9	19	106	6	252	127
长　春	638	8	66	65	56	426	17
哈尔滨	483	7	69	216	6	143	42
上　海	2692	34	187	209	2	1867	393
南　京	710	20	160	41		319	170
杭　州	1480	34	61	80	24	802	479
宁　波	1016	12	27	344	40	334	259
合　肥	704	28	53	98	25	391	109
福　州	745	14	55	125	40	475	36
厦　门	400	11	40	20	131	112	86
南　昌	586	7	42	52	38	408	39
济　南	656	32	65	74	7	361	117
青　岛	1227	17	61	87	22	873	167
郑　州	1519	46	154	141	12	975	191
武　汉	1221	43	156	103	6	839	74
长　沙	882	15	58	205	180	400	24
广　州	1397	16	64	368	44	634	271
深　圳	811	23	26	122	179	223	238
南　宁	672	11	45	78	39	475	24
海　口	333	3	17	33	28	204	48
重　庆	2349	74	732	419	21	1036	67
成　都	1516	21	286	957	14	141	97
贵　阳	594	2	62	82	80	327	41
昆　明	762	15	96	51	157	325	118
西　安	934	16	116	114	194	257	237
兰　州	415	6	45	108	103	148	5
西　宁	151	2	47	31	16	41	14
银　川	349	9	66	84	43	137	10
乌鲁木齐	531	9	45	59	86	314	18

5-3 35个大中城市按登记注册类型分的房地产开发企业从业人数

单位：人

地 区	总 计	内 资					
			国 有	集 体	股份合作	国有联营	集体联营
总 计	**918585**	**829215**	**17002**	**1062**	**818**	**144**	
北 京	45044	40104	74	80	137		
天 津	30594	26916	1233	28			
石家庄	16954	15462	53				
太 原	16718	16504	5				
呼和浩特	5934	5934					
沈 阳	14057	10822	73				
大 连	10404	9193	152				
长 春	15275	14789	116				
哈尔滨	10554	10220	107		24		
上 海	56792	43264	1613	220	21	23	
南 京	22998	18892	843			34	
杭 州	30592	27207	25				
宁 波	17381	15525	7		8		
合 肥	19153	17967	157		6		
福 州	26830	24146	32	26	145		
厦 门	12093	8917	22				
南 昌	16743	15255	609	27			
济 南	18175	16857	728		47		
青 岛	30758	26190	431	203	27	13	
郑 州	44463	43329	329				
武 汉	43011	39916	2302		49	19	
长 沙	30856	28479	178				
广 州	44537	34270	1420	277	60		
深 圳	36320	30825	1296	75	218		
南 宁	21147	19307	26				
海 口	11489	10102	563	58		39	
重 庆	97070	92608	749		5	16	
成 都	50665	48055	615		33		
贵 阳	22029	21411	91	42			
昆 明	25976	24407	360				
西 安	29857	28880	2181	12	38		
兰 州	14688	14534	483	14			
西 宁	4938	4916	102				
银 川	9969	9666					
乌鲁木齐	14521	14346	27				

5-3　续表 1　　单位：人

地　区	内资						
	国有与集体联营	其他联营	国有独资公司	其他有限责任公司	股份有限公司	私营独资	私营合伙
总　计	**66**	**72**	**52513**	**404641**	**20305**	**2803**	**303**
北　京			1602	34125	1416		
天　津			1924	14205	834	239	
石家庄			252	6654		27	
太　原			1292	8856			
呼和浩特			141	2871			
沈　阳			234	4985	233	426	
大　连			696	3672	180	218	
长　春			482	5700	408	33	
哈尔滨			287	5991	222	60	
上　海			5028	20907	1084	42	
南　京		2	1487	6939	847	114	113
杭　州			720	12132	903	38	
宁　波			467	6674	91	69	2
合　肥			1075	12653	317	64	9
福　州			904	5399	78	4	20
厦　门			2345	3718	60		
南　昌			941	7564	351	90	
济　南			1384	9919	343	56	
青　岛			2184	13753	1008	72	
郑　州			1208	29573	723		
武　汉			3056	18879	1610	241	73
长　沙			1358	13961	1448		
广　州		52	1637	19280	913	207	7
深　圳		18	1825	10219	3262	133	29
南　宁			1759	10485	8		
海　口			501	6329		35	
重　庆	66		4941	20548	2112	470	
成　都			4927	28953	1261	64	
贵　阳			801	15481	39		
昆　明			797	12816	305	12	
西　安			2179	13613	28	22	
兰　州			1071	6109	98	1	50
西　宁			345	1805	35	10	
银　川			1650	3720		26	
乌鲁木齐			1013	6153	88	30	

5-3 续表 2

单位：人

地区	内资			港澳台商投资			
	私营有限责任公司	私营股份有限公司	其他内资企业		合资经营	合作经营	独资
总计	**324927**	**4283**	**276**	**55601**	**22086**	**2931**	**28838**
北京	2378	292		2721	335	441	1917
天津	8385	37	31	2444	1074	178	1192
石家庄	8476						
太原	6301	50		63			63
呼和浩特	2922						
沈阳	4859	12		2087	985		1102
大连	4053	159	63	829	270	74	485
长春	7883	142	25	244	60	37	147
哈尔滨	3444	55	30	293	95		198
上海	14004	322		10505	4788	752	4665
南京	8378	135		3404	2232	7	770
杭州	13377	12		1708	480	8	1187
宁波	8133	74		716	390		326
合肥	3611	75		677	403		274
福州	17538			1665	794	15	570
厦门	2772			1525	590	47	838
南昌	5615	58		1255	550		675
济南	4166	214		1076	504		527
青岛	8364	90	45	3310	2403	20	719
郑州	11493	3		832	100	131	601
武汉	13579	108		1732	604	31	946
长沙	11397	116	21	1306	340	24	942
广州	10329	88		5609	1654	918	3015
深圳	13587	163		3295	1001	6	2173
南宁	6997	32		898	129		769
海口	2537	40		336	73		263
重庆	62585	1116		3097	814	129	2032
成都	11994	147	61	1311	380	113	818
贵阳	4925	32		576	133		443
昆明	9816	301		1349	373		976
西安	10799	8		256	128		127
兰州	6502	206		128	128		
西宁	2556	63					
银川	4175	95		179	164		15
乌鲁木齐	6997	38		175	112		63

5-3　续表 3　　　　单位：人

地　区	港澳台商投资		外商投资					
	股份有限	其　他		合资经营	合作经营	独　资	股份有限	其　他
总　计	**1447**	**299**	**33769**	**10512**	**2243**	**19103**	**411**	**1500**
北　京		28	2219	690	1003	526		
天　津			1234	167		923	116	28
石家庄			1492	68	15	1409		
太　原			151	32		119		
呼和浩特								
沈　阳			1148	482		666		
大　连			382	351		31		
长　春			242	45		197		
哈尔滨			41	27		14		
上　海	281	19	3023	1074	258	1571	11	109
南　京	368	27	702	178	84	440		
杭　州	33		1677	546		1131		
宁　波			1140	451		689		
合　肥			509	30		479		
福　州	286		1019	155		864		
厦　门		50	1651	95		1526	30	
南　昌		30	233	80		110		43
济　南	45		242	101		127	14	
青　岛	132	36	1258	970	32	139	35	82
郑　州			302	1		301		
武　汉	144	7	1363	589		684		90
长　沙			1071	157	51	863		
广　州		22	4658	2153	557	1792	26	130
深　圳	111	4	2200	256	71	1864	4	5
南　宁			942	479		463		
海　口			1051	22		27		1002
重　庆	46	76	1365	511	27	652	175	
成　都			1299	292	15	992		
贵　阳			42	42				
昆　明			220	90		130		
西　安	1		721	329	130	262		
兰　州			26	18		8		
西　宁			22	22				
银　川			124	9		104		11
乌鲁木齐								

5-4 35个大中城市按资质等级分的房地产开发企业从业人数

单位：人

地　区	总　计	一　级	二　级	三　级	四　级	暂　定	其　他
总　计	**918585**	**65817**	**154291**	**142311**	**89566**	**378176**	**88424**
北　京	45044	6563	5235	2666	21078	8066	1436
天　津	30594	1409	2371	2787	16986	4382	2659
石 家 庄	16954	1554	1756	1292	3695	8568	89
太　原	16718	252	2353	1428	5935	6604	146
呼和浩特	5934	229	596	855	2822	1146	286
沈　阳	14057	260	1604	1795	4	6432	3962
大　连	10404	378	643	2112	41	4592	2638
长　春	15275	1476	2178	1449	1109	8775	288
哈 尔 滨	10554	224	1640	4771	45	3141	733
上　海	56792	4117	5645	4817	23	34349	7841
南　京	22998	2291	6289	692		9684	4042
杭　州	30592	2985	1406	1865	214	15431	8691
宁　波	17381	782	1163	6167	436	5394	3439
合　肥	19153	1617	1992	2815	506	9996	2227
福　州	26830	2595	3099	4775	1098	14267	996
厦　门	12093	1083	3455	617	2819	3017	1102
南　昌	16743	502	1253	1625	1240	11118	1005
济　南	18175	1775	3199	1882	95	8010	3214
青　岛	30758	1660	3313	2046	565	20034	3140
郑　州	44463	3937	6132	3486	289	26512	4107
武　汉	43011	4295	7944	2784	144	26253	1591
长　沙	30856	1797	2958	8045	4529	13124	403
广　州	44537	3181	3502	11805	699	18420	6930
深　圳	36320	3997	1807	6841	6945	7327	9403
南　宁	21147	872	2426	2729	962	13740	418
海　口	11489	284	1322	2592	807	5637	847
重　庆	97070	8049	33834	13244	630	38543	2770
成　都	50665	1558	12733	30049	145	3874	2306
贵　阳	22029	110	7943	1858	1126	10252	740
昆　明	25976	1769	7195	1076	3024	9078	3834
西　安	29857	1921	6687	3481	4941	7058	5769
兰　州	14688	798	2703	3438	2992	4637	120
西　宁	4938	164	2005	1026	368	1060	315
银　川	9969	718	3265	1842	1226	2569	349
乌鲁木齐	14521	615	2645	1559	2028	7086	588

5-5　35个大中城市房地产开发企业投资规模与完成情况

单位：万元

地　区	计划总投资	自开始建设至本年底累计完成投资	
			本年完成投资
总　计	**5069459473**	**3353343031**	**669338902**
北　京	296806347	234203187	41390288
天　津	252540428	167765040	27699822
石家庄	53322588	27791146	9513162
太　原	83742385	41410506	6654742
呼和浩特	28250888	14945201	2707185
沈　阳	96464650	65246183	12226107
大　连	67859482	47727274	7289512
长　春	74909197	43724219	10523427
哈尔滨	49917605	31561862	5313706
上　海	405750509	258776199	50351841
南　京	214132980	119808344	27198034
杭　州	234674489	141880353	36283268
宁　波	119236289	68078346	20755857
合　肥	129067991	87937402	14664185
福　州	108395126	90131388	22488134
厦　门	66192192	54390189	10696582
南　昌	79575372	46912241	9758427
济　南	122030897	75130315	19280018
青　岛	122838281	75125306	19823415
郑　州	225094434	150145820	30888788
武　汉	278752700	152398108	32546233
长　沙	155231702	97439308	22368754
广　州	304797639	225839492	36264398
深　圳	236969256	164294759	29790776
南　宁	110177084	79818080	13599484
海　口	46028316	31907247	4524505
重　庆	326264409	270692648	43549551
成　都	208329056	127544651	31423847
贵　阳	108287253	64954776	11200454
昆　明	149000630	104976242	21490561
西　安	178027746	110759749	19752810
兰　州	43122475	23379686	6027630
西　宁	19413856	13204348	2657844
银　川	26468556	16532193	3257863
乌鲁木齐	47786665	26911223	5377692

5-6 35个大中城市按用途分的房地产开发企业完成投资

单位：万元

地　　区	本年完成投　　资	住　宅	办公楼	商业营业用房	其　他
总　　计	**669338902**	**466665480**	**45487853**	**56920786**	**100264783**
北　　京	41390288	25221781	2896067	2050516	11221924
天　　津	27699822	21683486	547491	1901837	3567008
石 家 庄	9513162	7626167	348682	595376	942937
太　　原	6654742	5254433	201899	409886	788524
呼和浩特	2707185	2019303	20905	289732	377245
沈　　阳	12226107	9998479	187082	1066038	974508
大　　连	7289512	5472842	362504	715844	738322
长　　春	10523427	7357506	552746	1115016	1498159
哈 尔 滨	5313706	4014321	117399	673913	508073
上　　海	50351841	26739467	7676341	5115206	10820827
南　　京	27198034	19321304	1638423	2404607	3833700
杭　　州	36283268	23001625	2669944	3042802	7568897
宁　　波	20755857	13996616	840013	1636541	4282687
合　　肥	14664185	11931657	765517	754690	1212321
福　　州	22488134	16378358	884337	1692881	3532558
厦　　门	10696582	7098882	435659	798568	2363473
南　　昌	9758427	7212382	714672	1132001	699372
济　　南	19280018	13513858	1433323	1734079	2598758
青　　岛	19823415	14811838	1236892	1147281	2627404
郑　　州	30888788	25449623	1377066	1751331	2310768
武　　汉	32546233	24175505	2607820	2506247	3256661
长　　沙	22368754	15751618	1156509	3092016	2368611
广　　州	36264398	25387986	3428014	2484859	4963539
深　　圳	29790776	16025965	5965817	3393880	4405114
南　　宁	13599484	9751717	530474	844976	2472317
海　　口	4524505	2432028	551929	604689	935859
重　　庆	43549551	32881139	808829	4130713	5728870
成　　都	31423847	21088885	2097736	3236499	5000727
贵　　阳	11200454	8641339	185242	1092525	1281348
昆　　明	21490561	15458597	1443940	1973695	2614329
西　　安	19752810	14266009	1385265	1672532	2429004
兰　　州	6027630	4443114	136346	502349	945821
西　　宁	2657844	2109202	85540	294972	168130
银　　川	3257863	2341259	18627	388725	509252
乌鲁木齐	5377692	3807189	178803	673964	717736

5-7　35个大中城市房地产开发企业实际到位资金情况

单位：万元

地　　区	本年实际到位资金合计	上年末结余资金	本年实际到位资金			
				国内贷款		
					银行贷款	非银行金融机构贷款
总　　计	**1343774195**	**403986043**	**939788152**	**132386661**	**113073664**	**19312997**
北　　京	109000053	43757689	65242364	9235663	7272811	1962852
天　　津	65444834	25317528	40127306	5255188	3597003	1658185
石 家 庄	14666780	3437260	11229520	671342	654841	16501
太　　原	12826005	2117363	10708642	778840	688529	90311
呼和浩特	6088349	1646415	4441934	436517	282237	154280
沈　　阳	20631353	7712635	12918718	1048184	861381	186803
大　　连	15603215	4089385	11513830	1261498	1128048	133450
长　　春	14789741	2525288	12264453	966980	934869	32111
哈 尔 滨	7750240	1717077	6033163	363685	323401	40284
上　　海	104657999	45414087	59243912	13588782	13106149	482633
南　　京	69239188	15313754	53925434	8609793	7989936	619857
杭　　州	81799042	23489820	58309222	8618481	7834572	783909
宁　　波	43584097	11696760	31887337	4848327	4770237	78090
合　　肥	39057144	9764929	29292215	3593386	3160629	432757
福　　州	32588500	6748073	25840427	4561174	3516498	1044676
厦　　门	16795366	3446181	13349185	1331572	1092952	238620
南　　昌	17412738	4550215	12862523	1798038	1560021	238017
济　　南	33321678	8986890	24334788	3658302	2875447	782855
青　　岛	40332722	12386836	27945886	3924113	3570656	353457
郑　　州	42771510	11990984	30780526	3176913	2605235	571678
武　　汉	59888411	17155425	42732986	7506231	6467893	1038338
长　　沙	41481356	11538009	29943347	4425042	3950040	475002
广　　州	90710659	29955412	60755247	8143255	7255224	888031
深　　圳	80973681	25654123	55319558	11475729	9036925	2438804
南　　宁	25904313	7300247	18604066	3112544	2546987	565557
海　　口	8820443	2254706	6565737	623898	588119	35779
重　　庆	74733724	17496051	57237673	6399559	4770225	1629334
成　　都	62742702	14081442	48661260	6554434	5547727	1006707
贵　　阳	16801057	7113707	9687350	797684	631540	166144
昆　　明	29146639	9548340	19598299	2124950	1614585	510365
西　　安	37357399	10213920	27143479	1996194	1516109	480085
兰　　州	6330746	1537304	4793442	346084	288443	57641
西　　宁	3753744	703780	3049964	297352	193052	104300
银　　川	7006878	1397580	5609298	349396	343696	5700
乌鲁木齐	9761889	1926828	7835061	507531	497647	9884

5-7 续表

单位：万元

地区	利用外资	自筹资金	定金及预收款	个人按揭贷款	其他到位资金	本年各项应付款合计	#工程款
总计	**516349**	**291427715**	**361589802**	**129212188**	**24655437**	**219920153**	**116374462**
北京	25700	17155639	31148397	4953464	2723501	6135203	3253794
天津		12234423	17590747	3460776	1586172	12695892	4800551
石家庄		5415920	2999054	2011114	132090	3682362	1888988
太原	6294	2622230	4746956	2291855	262467	2628048	1570933
呼和浩特		1247314	1838790	838810	80503	1242249	891537
沈阳		5499424	4419071	1800673	151366	4282347	2430942
大连		2937064	5178292	1999502	137474	3124626	1641209
长春	1371	6211026	2888539	1421987	774550	3498231	1625170
哈尔滨		2922560	1625912	953958	167048	1957073	1098490
上海	67835	22328445	18110212	3180991	1967647	10281640	5400031
南京	32367	14752282	21381527	8389926	759539	11098618	4453221
杭州	4500	13318302	25590084	10187997	589858	6454587	3405317
宁波	25061	11528466	11972060	3114648	398775	5058926	3171699
合肥	5695	5265112	13175949	6222259	1029814	6123073	3478971
福州	65236	10556658	7397219	2651209	608931	6027934	3880627
厦门		7874773	2890633	676054	576153	1155284	349196
南昌	44780	4123901	3887496	2839538	168770	3194154	2001907
济南	19099	7445314	9877792	2883177	451104	6037647	3776462
青岛	22986	6850503	13953921	2548674	645689	8198131	5061940
郑州		15404747	7406706	4349532	442628	9075453	4817881
武汉	132906	11440477	17156350	4963064	1533958	10962111	5858840
长沙		7643610	11552036	5685931	636728	8335727	4545793
广州		22851755	22684557	6623702	451978	10275223	4418205
深圳	7300	13721099	19695978	9071620	1347832	9557882	4503169
南宁		5838157	5999795	3107212	546358	7589638	3132487
海口	40000	2098304	2756243	621361	425931	2226150	979478
重庆	195	12594991	24234495	10997410	3011023	19716957	11346757
成都		13101168	21596084	7223289	186285	12595548	6561357
贵阳		3099744	3153263	2420931	215728	5026398	2761313
昆明	15024	5091505	6872626	4970513	523681	6124052	4291624
西安		12312791	9097499	2452883	1284112	7537394	4099450
兰州		1496391	1759015	1173633	18319	4062919	2554702
西宁		1388845	884359	381103	98305	854735	517719
银川		797670	3348697	1048902	64633	986087	724200
乌鲁木齐		2257105	2719448	1694490	656487	2117854	1080502

5-8　35个大中城市按用途分的房地产开发企业房屋施工面积

单位：平方米

地　区	房屋施工面积	住宅	办公楼	商业营业用房	其他
总　计	**3545841076**	**2225840018**	**265112901**	**348403183**	**706484974**
北　京	140553215	68956397	14613872	10066457	46916489
天　津	126277792	87817540	5166118	11710089	21584045
石家庄	45431627	35454646	2260804	2197351	5518826
太　原	84738253	61122384	3524633	6123759	13967477
呼和浩特	33182111	21487200	690040	6321602	4683269
沈　阳	81205241	58101003	2724295	9862607	10517336
大　连	40999430	29768652	1470556	3990002	5770220
长　春	84963435	56388706	6000537	10231690	12342502
哈尔滨	54063381	35871238	1710841	8784991	7696311
上　海	166278955	76031417	26150192	18666683	45430663
南　京	85972861	53984076	7120862	8810652	16057271
杭　州	132912612	68110134	14823076	14291725	35687677
宁　波	107786359	63220259	5700104	9038129	29827867
合　肥	82849627	53520925	6549749	7489416	15289537
福　州	84272302	53297235	5215350	7864204	17895513
厦　门	36610187	18506617	5006280	2772901	10324389
南　昌	59270959	40978828	4294896	6190899	7806336
济　南	101565380	65773784	8471391	9383005	17937200
青　岛	130222431	85636367	8558885	9103669	26923510
郑　州	205030380	140022942	14223094	16296906	34487438
武　汉	162516233	110899964	13912319	12527053	25176897
长　沙	129587602	84111213	7747945	16831544	20896900
广　州	127507766	74168214	16069016	11437965	25832571
深　圳	103192873	52033371	20563094	13585512	17010896
南　宁	112465190	73309099	5789585	8289970	25076536
海　口	33690635	19320626	2756672	5057106	6556231
重　庆	268931712	177097759	7387599	29001823	55444531
成　都	195440998	108774784	17191495	20401685	49073034
贵　阳	81789585	55406440	3459075	8921325	14002745
昆　明	128268494	80326708	8443938	11823233	27674615
西　安	144524673	99780793	10454010	13315491	20974379
兰　州	55763696	37307648	2198841	5347774	10909433
西　宁	20363909	13905129	640026	2451259	3367495
银　川	37048482	24332818	1433858	3993130	7288676
乌鲁木齐	60562690	41015102	2789853	6221576	10536159

5-9 35个大中城市按用途分的房地产开发企业房屋新开工面积

单位：平方米

地区	房屋新开工面积	住宅	办公楼	商业营业用房	其他
总计	**624678687**	**410074463**	**34131987**	**48113783**	**132358454**
北京	18959271	10259108	745801	1076320	6878042
天津	18853615	13241704	301499	1451787	3858625
石家庄	12423490	9376679	492015	696578	1858218
太原	9069183	6722566	258496	560162	1527959
呼和浩特	5464193	3901713	23823	560482	978175
沈阳	15773170	10892755	280267	1815952	2784196
大连	9958785	7089005	265189	871573	1733018
长春	21338433	16009368	851138	1371342	3106585
哈尔滨	6346770	4368593	177829	785530	1014818
上海	38459742	16824931	6294504	3477325	11862982
南京	19576318	13019516	1301074	1520763	3734965
杭州	24467864	12213326	2649188	2186648	7418702
宁波	21506265	12743113	1060292	1560577	6142283
合肥	18251303	12716755	903114	808597	3822837
福州	15127257	10374632	422954	949907	3379764
厦门	5663262	3527628	394262	202614	1538758
南昌	12415271	9017557	837861	890753	1669100
济南	17456201	12151977	704580	1372368	3227276
青岛	21909595	14212488	1288821	1489377	4918909
郑州	31690250	24900450	1033841	1511276	4244683
武汉	25997423	17780131	1789223	1598600	4829469
长沙	26981000	18907251	1167786	2985152	3920811
广州	21648057	14177967	1868883	1097941	4503266
深圳	15399270	9195883	1785251	1712223	2705913
南宁	13636672	9394142	535534	697086	3009910
海口	3106524	1770619	321901	548712	465292
重庆	48733649	32311884	1045184	4707829	10668752
成都	31037420	18186345	1800301	2646007	8404767
贵阳	13751195	9470946	176013	1446391	2657845
昆明	23823091	15705014	1176147	1443444	5498486
西安	20413178	14074854	1267180	1406431	3664713
兰州	11069209	8106900	183581	663850	2114878
西宁	3979775	3165444	61149	227400	525782
银川	9446878	6701450	77765	631703	2035960
乌鲁木齐	10945108	7561769	589541	1141083	1652715

5-10　35个大中城市按用途分的房地产开发企业房屋竣工面积

单位：平方米

地　区	房屋竣工面　积	住　宅	办公楼	商业营业用房	其　他
总　计	**368188726**	**238469450**	**22705259**	**31379498**	**75634519**
北　京	19838646	9810532	1429103	1916131	6682880
天　津	18928223	14455961	297926	649980	3524356
石家庄	3482946	2493424	153781	303134	532607
太　原	6079887	4488028	447145	353736	790978
呼和浩特	452753	314913	5679	19788	112373
沈　阳	11372538	9457946	164659	704629	1045304
大　连	4060289	3202650	30163	353400	474076
长　春	4792390	3414720	434627	373991	569052
哈尔滨	3088179	2053931	35163	571840	427245
上　海	27395463	14214261	3421068	2940539	6819595
南　京	11711798	7062364	1204658	1412077	2032699
杭　州	17325573	8974301	2149556	2049153	4152563
宁　波	14999944	9393875	342779	1019580	4243710
合　肥	18968007	13379342	1157353	1218589	3212723
福　州	8996163	5570835	443801	808377	2173150
厦　门	3858457	1718207	710255	253465	1176530
南　昌	6283681	4078922	585520	541579	1077660
济　南	11156565	7876171	414003	927391	1939000
青　岛	16568751	11107409	810554	1002318	3648470
郑　州	21931345	15203069	1262670	2156727	3308879
武　汉	7711696	5912302	317042	475288	1007064
长　沙	12463243	8831459	591501	1474476	1565807
广　州	10931261	6567749	1158107	864088	2341317
深　圳	6643759	3774533	975499	948638	945089
南　宁	9869721	7122614	166610	633485	1947012
海　口	1894482	808069	167151	402967	516295
重　庆	41962053	27243945	1415284	3989340	9313484
成　都	14607595	8975197	866138	906980	3859280
贵　阳	3486748	2238618	119439	412935	715756
昆　明	7102660	4010051	858752	316843	1917014
西　安	3700056	2927187	126813	179178	466878
兰　州	4236036	3130056	99588	222236	784156
西　宁	436845	329883		19570	87392
银　川	6662282	4450623	163648	621446	1426565
乌鲁木齐	5188691	3876303	179224	335604	797560

5-11 35个大中城市按用途分的房地产开发企业房屋竣工价值

单位：万元

地区	房屋竣工价值	住宅	办公楼	商业营业用房	其他
总计	**174536645**	**117710578**	**13766673**	**16505148**	**26554246**
北京	8812730	4445145	700500	858379	2808706
天津	7683890	6124151	181838	262591	1115310
石家庄	1136685	780930	73112	109024	173619
太原	2557862	1891814	228220	137397	300431
呼和浩特	130500	107865	820	5932	15883
沈阳	5067177	4109878	134062	438410	384827
大连	2504123	1962715	42118	227995	271295
长春	1442419	931708	222749	149630	138332
哈尔滨	1014595	669119	3296	196520	145660
上海	17941596	8533305	3288315	2408680	3711296
南京	9315042	6616591	881515	887634	929302
杭州	9208355	5557059	1113303	1093064	1444929
宁波	7641805	5159480	352889	536325	1593111
合肥	8543660	6843536	341226	415937	942961
福州	2704636	1703267	128106	242468	630795
厦门	2859669	1643847	439403	153497	622922
南昌	2059035	1304614	234239	188645	331537
济南	3335553	2353646	109202	312354	560351
青岛	6787620	4841834	424698	419961	1101127
郑州	7409246	5256151	378906	760529	1013660
武汉	4405109	3565275	234847	280761	324226
长沙	6518727	4499292	492163	927002	600270
广州	5867664	3430351	852868	521592	1062853
深圳	8990995	6021542	1209968	1236116	523369
南宁	3846730	2986578	88731	232043	539378
海口	1034742	505172	128053	170454	231063
重庆	18650096	13624829	604153	2041440	2379674
成都	6456325	4548497	294533	498316	1114979
贵阳	991849	659628	27069	114396	190756
昆明	2585487	1653991	337315	148710	445471
西安	1287041	1008135	68298	61927	148681
兰州	1927186	1546162	38965	108291	233768
西宁	148394	130579		8522	9293
银川	1918310	1310177	59486	215238	333409
乌鲁木齐	1751792	1383715	51707	135368	181002

5-12 35个大中城市按用途分的房地产开发企业住宅竣工套数

单位：套

地 区	住 宅	#90平方米及以下住宅	#144平方米以上住宅
总 计	**2276285**	**802661**	**229515**
北 京	97830	72740	7457
天 津	134435	46410	8526
石 家 庄	20410	3558	3362
太 原	35899	4641	7913
呼和浩特	2518	330	570
沈 阳	112885	69527	5576
大 连	33771	15670	2822
长 春	34265	18099	1237
哈 尔 滨	19411	7290	1482
上 海	155789	103911	7882
南 京	62876	18304	5930
杭 州	74834	18346	9432
宁 波	76071	11379	10152
合 肥	117878	19439	14422
福 州	49661	16582	5387
厦 门	19941	14204	696
南 昌	37151	12403	4438
济 南	64928	6239	9019
青 岛	91696	16248	13560
郑 州	150307	75694	12081
武 汉	51870	8157	2912
长 沙	72030	7793	10228
广 州	59767	18821	4888
深 圳	119936	82157	26816
南 宁	67440	21089	3822
海 口	6556	2523	575
重 庆	254762	75227	20055
成 都	75125	10392	9125
贵 阳	16519	1402	2861
昆 明	33064	2897	3965
西 安	25770	5149	2422
兰 州	27786	5051	2025
西 宁	2570	2	564
银 川	35106	1918	5159
乌鲁木齐	35428	9069	2154

5-13 35个大中城市按资质等级分的房地产开发企业住宅竣工套数

单位：套

地区	总计	一级	二级	三级	四级	暂定	其他
总计	**2276285**	**154812**	**336229**	**375470**	**226919**	**1012052**	**170803**
北京	97830	8007	8628	2735	39489	35153	3818
天津	134435		11611	10217	85229	20303	7075
石家庄	20410		4058	2014	4726	9612	
太原	35899		815	2343	14874	17867	
呼和浩特	2518			385	2097	36	
沈阳	112885	3038	11754	9891		66176	22026
大连	33771	2032	4311	4751	40	14678	7959
长春	34265		8117	3610	4629	15303	2606
哈尔滨	19411		5577	9845	794	3031	164
上海	155789	24563	16038	6797		103353	5038
南京	62876	2256	17524	827		36792	5477
杭州	74834	1526	3589	4268		51395	14056
宁波	76071	4847	685	37141	2119	13743	17536
合肥	117878	6773	12104	8602	3000	74376	13023
福州	49661	676	6317	10425	650	31593	
厦门	19941	5182	6373	2858	255	5057	216
南昌	37151	1172	2809	1723	1932	27304	2211
济南	64928	8712	8425	4597	1517	36015	5662
青岛	91696	3692	2609	6721	1269	70971	6434
郑州	150307	25585	11066	18448	3603	78087	13518
武汉	51870	740	2233	4441	544	41871	2041
长沙	72030	6010	8761	19850	15339	18804	3266
广州	59767	4138	9806	18451	621	24540	2211
深圳	119936	3468		87284	12879	6839	9466
南宁	67440	4470	7635	9583	730	43547	1475
海口	6556		1879	1100	467	2460	650
重庆	254762	27226	107437	20316	60	94895	4828
成都	75125	2775	17095	38856	175	11522	4702
贵阳	16519		6230	2136	1544	5996	613
昆明	33064		6137	1244	6170	13025	6488
西安	25770	951	5493	1663	6888	3724	7051
兰州	27786	1019	2911	10707	8845	4304	
西宁	2570			1289		1281	
银川	35106	4195	11076	3065	4194	11724	852
乌鲁木齐	35428	1759	7126	7287	2240	16675	341

5-14 35个大中城市按用途分的房地产开发企业商品房销售面积

单位：平方米

地区	商品房销售面积	住宅	办公楼	商业营业用房	其他
总计	**538768120**	**448244189**	**21687256**	**28529386**	**40307289**
北京	11070675	8771015	553012	271059	1475589
天津	14354193	13339667	281993	506397	226136
石家庄	7202925	6775233	157467	66318	203907
太原	8217802	7282599	269719	262579	402905
呼和浩特	3096567	2640493	17795	398677	39602
沈阳	10926978	9850801	149321	445941	480915
大连	6877109	6272441	118920	271171	214577
长春	10272495	9302065	156663	517816	295951
哈尔滨	6094454	5170669	99358	545131	279296
上海	18804536	14899460	908944	798661	2197471
南京	15109536	13713888	612789	415460	367399
杭州	22362478	19543019	1430857	1150499	238103
宁波	16062277	12807968	610656	625131	2018522
合肥	18365887	15627581	651090	516717	1570499
福州	21384859	16862559	677365	1002375	2842560
厦门	5930387	4132404	553527	130801	1113655
南昌	20194934	15622908	1585493	1882926	1103607
济南	15481974	13001987	634427	700134	1145426
青岛	16445197	14196327	754641	610457	883772
郑州	26993808	24800061	523627	1355386	314734
武汉	27593911	24705345	922420	780979	1185167
长沙	26061660	23048639	819073	1561718	632230
广州	17363064	13710144	1223291	1459058	970571
深圳	7995853	6233003	960098	548126	254626
南宁	14940807	11255128	438615	958336	2288728
海口	4845977	3490947	395643	435891	523496
重庆	61977061	49454160	1104475	3718690	7699736
成都	36441101	26144784	2795339	2645033	4855945
贵阳	14075455	11855168	375911	1175005	669371
昆明	12975557	9651651	768083	821002	1734821
西安	14929179	12385562	707520	724078	1112019
兰州	7995752	7615444	98741	206887	74680
西宁	2266362	1768471	66135	258450	173306
银川	6415742	5281975	119992	453873	559902
乌鲁木齐	7641568	7030623	144256	308624	158065

5-15　35个大中城市按用途分的房地产开发企业商品房销售额

单位：万元

地　区	商品房销售额	住　宅	办公楼	商业营业用房	其　他
总　计	**839095633**	**741071579**	**35667688**	**40430896**	**21925470**
北　京	44864715	41172334	1491646	879274	1321461
天　津	23227564	21837418	473844	716542	199760
石家庄	7397032	7125712	127585	48315	95420
太　原	8418380	7570206	263031	345052	240091
呼和浩特	3343503	2987436	13924	307109	35034
沈　阳	12665707	11818444	99100	492274	255889
大　连	9453162	8831343	149281	353489	119049
长　春	8655902	7912134	143790	484683	115295
哈尔滨	5338838	4538743	97062	547666	155367
上　海	67887292	61049450	3389348	2142841	1305653
南　京	40638444	38313925	1008550	767919	548050
杭　州	65891110	58200093	4172590	3110695	407732
宁　波	30168863	27091257	732427	913364	1431815
合　肥	24577156	22570139	616150	694463	696404
福　州	30258425	25775388	921622	1807830	1753585
厦　门	14828432	12985911	567320	226409	1048792
南　昌	20762689	16522776	1442015	1909553	888345
济　南	19569740	17216533	811129	934042	608036
青　岛	22672959	20392399	1010440	864768	405352
郑　州	26085837	23970238	666424	1207113	242062
武　汉	41575520	38303831	1415593	1206726	649370
长　沙	26205831	23323107	960137	1604255	318332
广　州	48675369	41925662	2818916	2978935	951856
深　圳	46850026	38395724	4749995	2532408	1171899
南　宁	12402780	10084347	404030	1217298	697105
海　口	7668745	5725009	692387	905815	345534
重　庆	53912555	47860626	916549	3053587	2081793
成　都	46857557	38466478	3020826	3573954	1796299
贵　阳	12740533	10686896	298737	1317058	437842
昆　明	14081260	11922268	646340	867243	645409
西　安	21882429	18851577	1131987	1240567	658298
兰　州	6349670	5936446	145513	237952	29759
西　宁	2078975	1772977	62656	195608	47734
银　川	4906701	4301054	82871	362894	159882
乌鲁木齐	6201932	5633698	123873	383195	61166

5-16　35个大中城市按用途分的房地产开发企业商品房平均销售价格

单位：元/平方米

地　区	商品房平均销售价格	住　宅	办公楼	商业营业用房	其　他
总　计	**15574**	**16533**	**16446**	**14172**	**5440**
北　京	40526	46941	26973	32438	8955
天　津	16182	16370	16803	14150	8834
石家庄	10269	10517	8102	7285	4680
太　原	10244	10395	9752	13141	5959
呼和浩特	10797	11314	7825	7703	8847
沈　阳	11591	11997	6637	11039	5321
大　连	13746	14080	12553	13036	5548
长　春	8426	8506	9178	9360	3896
哈尔滨	8760	8778	9769	10047	5563
上　海	36102	40974	37289	26830	5942
南　京	26896	27938	16458	18484	14917
杭　州	29465	29781	29161	27038	17124
宁　波	18782	21152	11994	14611	7093
合　肥	13382	14443	9463	13440	4434
福　州	14149	15286	13606	18035	6169
厦　门	25004	31425	10249	17309	9418
南　昌	10281	10576	9095	10141	8049
济　南	12640	13241	12785	13341	5308
青　岛	13787	14365	13390	14166	4587
郑　州	9664	9665	12727	8906	7691
武　汉	15067	15504	15347	15451	5479
长　沙	10055	10119	11722	10272	5035
广　州	28034	30580	23044	20417	9807
深　圳	58593	61601	49474	46201	46024
南　宁	8301	8960	9211	12702	3046
海　口	15825	16400	17500	20781	6601
重　庆	8699	9678	8299	8211	2704
成　都	12858	14713	10807	13512	3699
贵　阳	9052	9015	7947	11209	6541
昆　明	10852	12353	8415	10563	3720
西　安	14657	15221	15999	17133	5920
兰　州	7941	7795	14737	11502	3985
西　宁	9173	10025	9474	7569	2754
银　川	7648	8143	6906	7995	2856
乌鲁木齐	8116	8013	8587	12416	3870

5-17 35个大中城市按用途分的房地产开发企业房屋出租面积

单位：平方米

地区	房屋出租面积	住宅	办公楼	商业营业用房	其他
总计	**30216172**	**1931297**	**11439337**	**11090731**	**5754807**
北京	2859145	99226	1233856	1078466	447597
天津	592102	1867	374416	168050	47769
石家庄	12436			12436	
太原	1067			1067	
呼和浩特					
沈阳	53795			53795	
大连	102683		37059	65624	
长春					
哈尔滨	28222			28222	
上海	20743719	1419462	7746262	7347589	4230406
南京	257995		29089	225427	3479
杭州	315599	81356	48705	102665	82873
宁波	434830	1220	12546	216515	204549
合肥	325673		145784	33101	146788
福州	1500		1500		
厦门	98034		38566	33457	26011
南昌					
济南	1165			1165	
青岛	541886	7165	363721	146401	24599
郑州	216850	158050	48700	1500	8600
武汉	109186	2280	60252	19593	27061
长沙	267245		174300	92945	
广州	638105	34950	331198	146617	125340
深圳	1176117	76910	667897	382729	48581
南宁	32231	28392		3839	
海口	116824	2427	2388	104085	7924
重庆	640212		16196	440269	183747
成都	53172		19624	22218	11330
贵阳					
昆明	21638		12924	8714	
西安	25670	5815		19855	
兰州					
西宁					
银川	321749	12177	41431	244413	23728
乌鲁木齐	227322		32923	89974	104425

5-18　35个大中城市按用途分的房地产开发企业商品房待售面积

单位：平方米

地　区	待售面积	住　宅	办公楼	商业营业用房	其　他
总　计	**197666567**	**67661646**	**24796857**	**43776339**	**61431725**
北　京	23962884	8308063	5555124	4020410	6079287
天　津	9220814	5171366	1043196	1741545	1264707
石家庄	1111525	692770	170083	49910	198762
太　原	831136	606304	71899	67609	85324
呼和浩特	1462476	894649	93145	326121	148561
沈　阳	3899543	2569693	126711	1028885	174254
大　连	5348042	3295961	337526	1058634	655921
长　春	5208439	2856290	371500	1419671	560978
哈尔滨	5790536	2631613	247620	1859188	1052115
上　海	26837823	7201935	4852961	4332257	10450670
南　京	2743908	1172610	317461	558296	695541
杭　州	3894442	874392	1225313	1360169	434568
宁　波	3952504	707276	813016	1282777	1149435
合　肥	3572669	611872	457649	832857	1670291
福　州	3836999	717726	147163	866131	2105979
厦　门	3156999	666726	513367	744968	1231938
南　昌	1199246	351085	210198	497142	140821
济　南	2100169	1203741	48378	305738	542312
青　岛	5767616	2642296	930869	1522034	672417
郑　州	8068103	4853772	850774	1174706	1188851
武　汉	2363527	1066091	411980	522620	362836
长　沙	3606421	1327603	245511	1402649	630658
广　州	9695542	3623494	913852	1596090	3562106
深　圳	4066342	1344692	1238190	983628	499832
南　宁	3251888	998410	149125	690660	1413693
海　口	848640	376582	37258	155167	279633
重　庆	23430574	4337979	975927	5355632	12761036
成　都	10277478	1548375	645715	2278589	5804799
贵　阳	894304	251848	88437	403982	150037
昆　明	4896692	940171	511770	1094164	2350587
西　安	1425197	344919	266844	489015	324419
兰　州	594783	246471		271205	77107
西　宁	152762	85072	8460	57721	1509
银　川	6497742	1741572	638104	2592840	1525226
乌鲁木齐	3698802	1398227	281731	833329	1185515

5-19 35个大中城市房地产开发企业主要财务指标

单位：万元

地 区	资产总计	负债合计	所有者权益合计	主营业务收入
总 计	**6432164274**	**5055014089**	**1377150186**	**634659857**
北 京	589799826	476594547	113205279	46404155
天 津	316806654	256159214	60647440	26802485
石家庄	51800965	49363563	2437402	2946404
太 原	91681677	79796916	11884762	8479338
呼和浩特	27835720	25228265	2607455	2045731
沈 阳	85664775	68606857	17057919	10815163
大 连	70215353	53898926	16316427	7894267
长 春	58231224	50145203	8086022	7592917
哈尔滨	59715066	42089068	17625998	5366255
上 海	745373747	512889302	232484445	54580515
南 京	210534386	161362439	49171947	26223385
杭 州	311519929	242403798	69116131	41302439
宁 波	147657304	118129311	29527993	17929044
合 肥	115758111	87473484	28284627	19174529
福 州	140384030	111390565	28993465	14737098
厦 门	133224822	94910076	38314746	7120503
南 昌	83213367	63724879	19488488	11922199
济 南	142496742	117831617	24665125	17230873
青 岛	189545950	149431536	40114414	18479130
郑 州	244112470	208543496	35568974	17399126
武 汉	291193858	224678197	66515661	35634880
长 沙	114405613	98686886	15718727	16342335
广 州	525424326	425001230	100423096	30492699
深 圳	380653370	278837460	101815910	40491417
南 宁	100876356	79216922	21659434	12358483
海 口	54517974	43155533	11362441	5455273
重 庆	328898034	248430128	80467906	40273277
成 都	252056726	204527129	47529597	33448399
贵 阳	98736159	80690320	18045839	8332156
昆 明	162921554	136241548	26680006	14652907
西 安	162471924	141225219	21246705	15179615
兰 州	53993462	47759914	6233549	4834946
西 宁	15984612	14033928	1950684	2861402
银 川	26343793	22557915	3785878	5057990
乌鲁木齐	48114397	39998700	8115697	4798522

5-19 续表 1

单位：万元

地　区	土地转让收入	商品房销售收入	自持物业收入		其他收入
				房屋出租收入	
总　计	**4656146**	**586697657**	**18071587**	**13426430**	**25234468**
北　京	575009	38069281	1842673	1674889	5917193
天　津	518088	25477158	397090	329418	410148
石家庄	87697	2803303	16455	16121	38949
太　原	12925	8046297	72549	56452	347567
呼和浩特		2020358	16725	16725	8648
沈　阳	501	10650519	121006	103547	43136
大　连	244932	7452574	94019	65634	102742
长　春	7802	7364112	69089	31580	151913
哈尔滨		4989589	46676	42125	329990
上　海	292138	45828290	6246634	4405020	2213452
南　京	580176	24825579	252447	184717	565184
杭　州	145939	40136522	641140	453952	378839
宁　波	56839	16352972	155442	131067	1363791
合　肥		18133216	207682	115901	833631
福　州	3	14323535	114783	103540	298778
厦　门	141400	5572361	687111	258177	719632
南　昌	1317	11153587	110392	99051	656903
济　南	339936	15836088	176943	170083	877906
青　岛	1998	17865482	237654	140156	373995
郑　州	2256	15066712	531253	224033	1798907
武　汉	903726	33241404	468480	328258	1021270
长　沙	111320	15629814	393629	159077	207573
广　州	4406	28220637	1267788	1056138	999868
深　圳	60000	37461248	1763432	1612571	1206738
南　宁	49822	11973479	204868	133257	130314
海　口	6977	5163120	15843	15253	269334
重　庆	178638	38238793	716479	545727	1139368
成　都	78914	32571596	411296	293977	386594
贵　阳	75877	7691624	75374	66609	489282
昆　明	167209	13711649	379654	287538	394395
西　安	3649	13840032	129477	109393	1206457
兰　州	1028	4613094	65619	58496	155205
西　宁	3687	2812214	18936	18487	26565
银　川	647	4869215	61206	58238	126923
乌鲁木齐	1291	4692207	61743	61225	43281

5-19 续表 2 单位：万元

地　区	主营业务成本	税金及附加	其他业务利润	销售费用
总　计	**484933714**	**36561485**	**1515572**	**28938852**
北　京	38446724	2111869	322071	1590521
天　津	22329757	1328238	74147	1306529
石家庄	2412413	204558	8218	370866
太　原	6522863	354355	11677	358330
呼和浩特	1640524	119029	5198	127841
沈　阳	8210588	757158	7169	513790
大　连	6475597	287197	2478	364555
长　春	5774727	252227	7438	384478
哈尔滨	4276702	298716	6801	256801
上　海	35455733	4833017	198215	1966178
南　京	21854630	758180	22726	977081
杭　州	33346951	1667928	58701	1584306
宁　波	14702611	501209	9422	829697
合　肥	16051488	398182	29297	680533
福　州	11904442	404585	823	589705
厦　门	5230408	637876	100866	393769
南　昌	9469645	421364	-10741	473449
济　南	13978602	989317	24707	692420
青　岛	13671616	1339956	47315	979306
郑　州	13812113	799381	48333	1066410
武　汉	25905921	2856889	21314	1400536
长　沙	13321918	704903	20374	890540
广　州	20787092	2570062	132601	1965005
深　圳	24438337	4746431	40829	1242418
南　宁	9700679	551841	30501	516357
海　口	3480277	617359	21848	454409
重　庆	33107257	1139234	39823	2162989
成　都	26184702	1994725	86833	1662316
贵　阳	6543456	412211	9795	710463
昆　明	10955473	1065617	40635	791065
西　安	10767540	846029	59853	772205
兰　州	4057578	131309	5459	240009
西　宁	2287525	80993	6573	83252
银　川	3932579	199984	14278	155826
乌鲁木齐	3895248	179560	9998	384897

5-19　续表 3　　　　单位：万元

地　区	管理费用	财务费用	营业利润	营业外收入
总　计	**24171893**	**22785951**	**67214069**	**3331781**
北　京	1865992	2737378	2262153	134563
天　津	879917	1111246	-688878	141412
石 家 庄	249813	96564	-363999	66635
太　原	283807	184022	872272	12966
呼和浩特	119697	63025	-60780	8454
沈　阳	349183	139120	727172	34303
大　连	270010	404062	75761	20247
长　春	280118	170242	484962	23726
哈 尔 滨	217056	199740	214499	52979
上　海	2672292	3551610	10742933	739267
南　京	752978	386124	1866956	56942
杭　州	1531826	803856	4400856	117340
宁　波	546438	93580	1666151	76064
合　肥	470117	275991	1299651	54850
福　州	475632	377654	1627885	41145
厦　门	318546	557033	609318	15837
南　昌	284710	223864	1512828	26150
济　南	429606	228299	1765802	54026
青　岛	988588	593278	2295195	129472
郑　州	822633	870235	796435	98318
武　汉	883892	832765	4981402	36806
长　沙	588241	220923	211813	228902
广　州	1739689	2494674	7542934	177217
深　圳	1600170	2058982	8501913	190765
南　宁	368119	165309	1340400	51531
海　口	290449	187710	633029	40819
重　庆	1322963	1035579	4397104	221149
成　都	1193298	626667	3146880	104209
贵　阳	305069	319361	625168	23626
昆　明	637058	988427	711857	118812
西　安	657739	329205	2001939	52527
兰　州	211015	150089	174320	20466
西　宁	73665	25978	316602	3851
银　川	191395	85880	526582	17128
乌鲁木齐	300176	197481	-5046	139275

5-19 续表 4 单位：万元

地区	营业外支出	利润总额	所得税费用	应付职工薪酬
总 计	**5583910**	**65027777**	**19323476**	**18449264**
北 京	221083	2174437	1097490	1549538
天 津	610797	-1160163	413798	782832
石家庄	66596	-370240	51977	175190
太 原	45982	845830	306217	242598
呼和浩特	22299	-90781	24602	75911
沈 阳	183131	577712	393201	255321
大 连	41320	60302	216802	196855
长 春	45153	498090	214064	182672
哈尔滨	84556	168950	120872	129004
上 海	621914	10836125	2683370	1665693
南 京	287570	1733606	647440	553276
杭 州	137423	4478825	995723	899089
宁 波	89650	1651758	443883	418404
合 肥	40322	1313499	312130	396739
福 州	104115	1563806	250224	442654
厦 门	47848	589707	176029	305808
南 昌	25838	1452941	227603	239431
济 南	84521	1715243	465768	371190
青 岛	93556	2352326	534914	659075
郑 州	134488	745427	431800	676500
武 汉	196250	4827362	1151268	795857
长 沙	72391	363618	389471	518736
广 州	378973	7343552	1311055	1389851
深 圳	190913	8497830	2233677	1049685
南 宁	55815	1331561	411560	346862
海 口	117470	555629	354137	232549
重 庆	314026	4284003	766768	1337540
成 都	129786	3151805	1002865	815135
贵 阳	78130	580415	259476	246378
昆 明	807386	20625	408995	449091
西 安	71695	1929898	637140	507586
兰 州	35684	155044	48978	176652
西 宁	13835	305473	68032	54290
银 川	47034	496676	156707	129256
乌鲁木齐	86359	46888	115441	182019

附　　录

主要统计指标解释

主要统计指标解释

一、房地产开发企业财务指标

1.资产总计：指企业过去的交易或者事项形成的、由企业拥有或者控制的、预期会给企业带来经济利益的资源。资产一般按流动性分为流动资产和非流动资产。其中流动资产可分为货币资金、交易性金融资产、应收票据、应收账款、预付款项、其他应收款、存货等；非流动资产可分为长期股权投资、固定资产、无形资产及其他非流动资产等。根据会计“资产负债表”中“资产总计”项目的期末余额数填报。

2.负债合计：指企业过去的交易或者事项形成的，预期会导致经济利益流出企业的现时义务。负债一般按偿还期长短分为流动负债和非流动负债。根据会计“资产负债表”中“负债合计”项目的期末余额数填报。

3.所有者权益合计：指企业资产扣除负债后由所有者享有的剩余权益。公司的所有者权益又称股东权益。包括实收资本、资本公积、盈余公积、未分配利润等。根据会计“资产负债表”中“所有者权益合计”项目的期末余额数填报。

4.主营业务收入：指企业确认的销售商品、提供劳务等主营业务的收入。根据会计“主营业务收入”科目的本年各月贷方余额（结转前）之和填报。如未设置该科目，以“营业收入”代替填报。

（1）土地转让收入：指房地产开发企业按国家规定在报告期转让已经开发的土地和未经开发的土地所得到的收入。根据会计“利润表”和相关核算资料计算填报。

（2）商品房销售收入：指房地产开发企业在报告期售出商品房的收入，一次收款的，一次性全部计入销售收入，按合同规定分期收款的，可按合同规定的时间分次计入收入。根据会计“利润表”和相关核算资料计算填报。

（3）自持物业收入：指房地产开发企业在报告期内，对自持房屋以出租、作为服务业活动场所等不改变财产所有权方式进行经营所得到的收入。根据会计“利润表”和相关核算资料计算填报。

（4）房屋出租收入：指房地产开发企业在报告期内，在不改变现有财产所有权关系的条件下，将企业的全部或部分房屋出租给其他单位或个人使用所得到的租金收入。根据会计“利润表”和相关核算资料计算填报。

（5）其他收入：指房地产开发企业在报告期内从事主营业务中除以上收入外的其他业务活动所得到的收入，包括配套设施销售收入、代建工程结算收入等。根据会计“利润表”和相关核算资料计算填报。

5.主营业务成本：指企业经营主要业务和其他业务所发生的成本总额。根据会计“主营业务成本”科目的本年各月借方余额（结转前）填报。如未设置该科目，以“营业成本”代替填报。

6.销售费用：指企业在销售商品和材料、提供劳务的过程中发生的各种费用，包括保险费、包装费、展览费和广告费、商品维修费、预计产品质量保证损失、运输费、装卸费等以及为销售本企业商品而专设的销售机构（含销售网点、售后服务网点等）的职工薪酬、业务费、折旧费等经营费用。建筑业企业销售费用指企业从事施工生产活动过程中发生的各项费用，包括应由企业负担的运输费、装卸费、包装费、保险费、维修费、展览费、差旅费、广告费和其他经费。房地产企业销售费用指企业在从事主要经营业务过程中所发生的各项销售费用，包括转让、销售、结算和出租开发产品等。执行企业会计准则或《小企业会计准则》的企业,根据会计“利润表”中“销售费用”项目的本年累计数填报。执行其他企业会计制度的企业，根据会计“利润表”中“营业费用（或经营费用）”项目的本年累计数填报。

7.**税金及附加**：指企业经营主要业务应负担的消费税、城市维护建设税、资源税、教育费附加及房产税、土地使用税、车船使用税、印花税等相关税费。根据会计“主营业务税金及附加”科目的本年各月借方余额（结转前）之和填报。

8.**管理费用**：指企业为组织和管理企业生产经营所发生的费用，包括企业在筹建期间内发生的开办费、董事会和行政管理部门在企业经营管理中发生的，或者应当由企业统一负担的公司经费等。根据会计“利润表”中“管理费用”项目的本年累计数填报。

9.**财务费用**：指企业为筹集生产经营所需资金等而发生的筹资费用，包括企业生产经营期间发生的利息支出（减利息收入）、汇兑损失（减汇兑收益）以及相关的手续费等。根据会计“利润表”中“财务费用”项目的本年累计数填报。

10.**营业利润**：指企业从事生产经营活动所取得的利润。执行企业会计准则或《小企业会计准则》的企业，根据会计“利润表”中“营业利润”项目的本年累计数填报；执行其他企业会计制度的企业，根据会计“损益表”中“营业利润”项目、“投资收益”项目的本年累计数之和填报。

11.**营业外收入**：指企业发生的除营业利润以外的收益，主要包括与企业日常活动无关的政府补助、盘盈利得、捐赠利得等。执行企业会计准则或《小企业会计准则》的企业，根据会计“利润表”中“营业外收入”项目的本年累计数填报；执行其他企业会计制度的企业，根据会计“损益表”中“营业外收入”项目、“补贴收入”项目的本年累计数之和填报。

12.**营业外支出**：指企业发生的除营业利润以外的支出，主要包括公益性捐赠支出、非常损失、盘亏损失、非流动资产毁损报废损失等。根据会计“利润表”中“营业外支出”项目的本年累计数填报。

13.**利润总额**：指企业在一定会计期间的经营成果，是生产经营过程中各种收入扣除各种耗费后的盈余，反映企业在报告期内实现的盈亏总额。利润总额为营业利润加上营业外收入，减去营业外支出后的金额，根据会计“利润表”中“利润总额”项目的本年累计数填报。

14. **所得税费用**：所得税费用由两部分组成，当期所得税和递延所得税。当期所得税是指企业按照税法规定计算确定的针对当期发生的交易和事项，应交纳给税务部门的所得税金额，即应交所得税。递延所得税是指按照所得税准则规定应予确认的递延所得税资产和递延所得税负债应有的金额相对于原已确认金额之间的差异。执行企业会计准则或《小企业会计准则》的企业，根据会计“利润表”中“所得税费用”项目的本年累计数填报；执行其他企业会计制度的企业，根据会计“损益表”中“所得税”项目的本年累计数填报。

二、房地产开发投资指标

1.**计划总投资**：指在建的建设工程按照总体设计（或按设计概算或预算）规定的内容全部建成计划需要的总投资。

2.自开始建设累计完成投资：指从开始建设到本期止累计完成的全部投资。其计算范围原则上应与“计划总投资”指标包括的工程内容相一致。

报告期以前已建成投产或停、缓建工程完成的投资以及拆除、报废工程的投资，仍应包括在内。

房地产开发企业自开始建设累计完成投资包含：在建的房屋建设工程或正在开发的土地开发工程从开始建设到本期止累计完成的全部投资。

3.完成投资：指各种登记注册类型的房地产开发法人单位统一开发的住宅、饭店、宾馆、度假村、写字楼、办公楼等房屋建筑物，配套的服务设施，土地开发工程（如道路、给水、排水、供电、供热、通讯、平整场地等基础设施工程）和土地购置的投资。本年完成投资不包括单纯的土地开发和交易活动。

4.建筑工程：指各种房屋、建筑物的建造工程。这部分投资额必须兴工动料，通过施工活动才能实现。

房地产开发项目可依据会计报表“房屋开发成本”科目下的“建筑安装工程费”、“基础设施费”、“公共配套设施费”、“前期工程费”中的“三通一平费用”等相关科目填报；未设置该科目的，根据“房屋开发成本”下的相关明细分析计算填报。也可以根据工程建设、施工、监理等共同认定的工程结算单或进度单、工程付款等相关凭证填报。

5.安装工程：指各种设备、装置的安装工程。

房地产开发项目可依据会计报表“房屋开发成本”科目下的“建筑安装工程费”填报；未设置该科目的，根据“房屋开发成本”下的相关明细分析计算填报。也可以根据工程建设、施工、监理等共同认定的工程结算单或进度单、工程付款等相关凭证填报。

6.设备工器具购置：指指报告期内购置或自制的，达到固定资产标准的设备、工具、器具的价值。

房地产开发项目可依据会计报表“房屋开发成本”科目下的“设备款”填报，未设置该科目的根据“房屋开发成本”下的相关明细分析计算填报；也可以根据相关凭证填报。

（1）设备：指各种动力设备、传导设备、运输设备等。

（2）工具、器具：是指具有独立用途的各种生产用具、工作工具和仪器。如维修用的切削工具、铆焊工具等，以及达到固定资产标准的包装容器等。

7.其他费用：指在固定资产建造和购置过程中发生的，除建筑安装工程和设备、工器具购置投资完成额以外的费用，不指经营中财务上的其他费用。包括土地出让金、大市政费、四源费（煤、热、自来水、污水）、不可预见费、旧房屋购置，基本畜禽支出，林木支出，退耕退牧还林还草、土壤改良、城市绿化，办公生活用家具、器具购置，建设单位管理费，土地征用、购置及迁移补偿费，政府收费，勘察设计费，研究实验费，可行性研究费，临时设施费，施工机械转移费，设备检验费，负荷联合试车费，土地占用、使用费，建设期应付利息，企业债券发行费，合同公证费及工程质量监测费，国外借款手续费及承诺费，汇兑损益，坏账损失，固定资产亏损及损失等。依据会计报表“房屋开发成本”科目下的 “土地出让金”、“开发间接费”等填报；未设置该科目的，根据“房屋开发成本”下的相关明细分析计算填报。如果无法依据会计报表，根据相关支付凭证填报。

8.土地购置费：指房地产开发企业通过各种方式取得土地使用权而支付的费用。土地购置费包括：（1）通过划拨方式取得的土地使用权所支付的土地补偿费、附着物和青苗补偿费、安置补偿费及土地征收管理费等；（2）通过“招、拍、挂”等出让方式取得土地使用权所支付的资金。以划拨方式取得土地所支付的资金在房地产项目竣工后计入新增固定资产，以出让方式取得土地所有权所支付的出让金不计入新增固定资产。土地购置费按实际发生额填报，分期付款的应分期计入。项目分期开发的，只计入与本期项目有关的土地购置费。前期支付的土地购置费，项目纳入统计后计入。

9.**投资额按工程用途分组**：

（1）**住宅**：指专供居住用的房屋。包括普通商品房、保障性住房、别墅、公寓、各部门的职工家属宿舍和集体宿舍（包括职工单身宿舍和学生宿舍）等供居住的房屋。不包括住宅楼中作为人防工程用的房屋，也不包括不住人的地下室。住宅按照户型结构可以划分为 90 平方米及以下住房，144 平方米以上住房等。

①90 平方米及以下住房：指在房地产开发企业投资建设的商品住宅中，套型建筑面积不超过 90 平方米（包括 90 平方米）的住房。套型建筑面积是指单套住房的建筑面积，由套内建筑面积和分摊的共有建筑面积组成。现房应以商品房销售合同中实际测绘的建筑面积为统计标准，期房根据商品房预售合同中规划设计面积进行统计，待住宅竣工交付使用后，应根据实际测绘面积进行相应调整。

②144 平方米以上住房：指在房地产开发企业投资建设的商品住宅中，套型建筑面积超过 144 平方米（不包括 144 平方米）的住房。现房应以商品房销售合同中实际测绘的建筑面积为统计标准，期房根据商品房预售合同中规划设计面积进行统计，待住宅竣工交付使用后，应根据实际测绘面积进行相应调整。

（2）**办公楼**：指企业、事业、机关、团体、学校、医院等单位的办公用房，也包括商务办公楼。

（3）**商业营业用房**：包括批发和零售用房、宾馆用房屋、餐饮用房屋、商务会展用房屋和其他商业及服务用房屋五类。

（4）**其他**：凡不属于上述各项用途的房屋建筑物，如中小学教学用房、托儿所、幼儿园、车库等。

10.**本年新增固定资产**：指在报告期已经完成建造和开发过程并交付使用的房屋和土地开发面积的价值。是房地产开发公司进行开发经营活动的最终成果，即为社会提供的固定资产，而且是在报告期内新增加的。不是反映房地产开发企业本身固定资产的增加。

11.**待开发土地面积**：指经有关部门批准，通过各种方式获得土地使用权，但尚未开工建设的土地面积。

12.**本年土地购置面积**：指在本年内通过各种方式获得土地使用权的土地面积。

13.**本年土地成交价款**：指进行土地使用权交易活动的最终金额。在土地一级市场，是指土地最后的划拨款、“招拍挂”价格和出让价；在土地二级市场是指土地转让、出租、抵押等最后确定的合同价格。土地成交价款与土地购置面积同口径，可以计算土地的平均购置价格。

14.**资金来源**

（1）**本年实际到位资金合计**：指房地产开发企业在本年内收到的可用于房地产开发的各种资金来源数之和，包括上年末结余资金、本年度内拨入、借入或以各种方式筹集的资金。

（2）**上年末结余资金**：指上年资金来源中没有形成投资额而结余的资金。包括尚未用到工程中的材料价值、未开始安装的需要安装设备价值及结存的现金和银行存款、新开工项目以前年度支付的土地款等。可根据有关财务数字填报。上年末结余资金不能出现负数，即不能把上年应付工程、材料款作为上年末结余资金的负数来处理。

（3）**本年实际到位资金**：指在报告期收到的，用于在建项目投资的各种货币资金。包括国内贷款、利用外资、自筹资金、定金及预收款、个人按揭贷款和其他资金。

①国内贷款：指报告期内向银行及非银行金融机构借入的，用于在建项目投资的各种国内借款，包括银行利用自有资金及吸收存款发放的贷款、上级拨入的国内贷款、国家专项贷款，地方财政专项资金安排的贷款、国内储备贷款、周转贷款等。

银行贷款：指报告期内房地产开发企业向各商业银行、政策性银行借入的，用于房地产开发的各项贷款。

非银行金融机构贷款：指向除上述银行之外从事金融业务的机构借入的，用于房地产开发的各项贷款。

非银行金融机构包括城市信用社、农村信用社、保险公司、金融信托投资公司、证券公司、财务公司、金融租赁公司、融资公司（中心）等。

②利用外资：指报告期内收到的境外（包括外国及港澳台地区）资金（包括设备、材料、技术在内）。包括对外借款（外国政府贷款、国际金融组织贷款、出口信贷、外国银行商业贷款、对外发行债券和股票）、外商直接投资、外商其他投资（包括补偿贸易、加工装配由外商提供的设备价款、国际租赁，外商投资收益的再投资资金）。不包括我国自有外汇资金（包括国家外汇、地方外汇、留成外汇、调剂外汇和中国银行自有资金发行的外汇贷款等）。各类外资按报告期的外汇牌价（中间价）折成人民币计算。

③自筹资金：指在报告期内筹集的用于在建项目投资的资金。包括自有资金、股东投入资金和借入资金，但不包括各类财政性资金、从各类金融机构借入资金和国外资金。

④定金及预收款：定金是为使甲乙双方按约定签订正式经济合同，实现房屋交易，根据有关规定由购房者或单位在报告期交纳的押金。预收款是甲乙双方签订购销房屋合同后，在报告期由购房者或单位交付的首付款及各种手续费（包括其中的外汇）。

⑤个人按揭贷款：是指按照中国人民银行（《个人住房贷款管理办法》，银发[1998]190 号）中规定，贷款人（商业银行）向借款人发放的采用分期偿还方式用于购买自用普通住房的贷款。具体指具有完全民事行为能力的自然人，购买商品房时以其购买的产权住房（或银行认可的其他担保方式）为抵押，作为偿还贷款的保证而向银行申请的住房商业性贷款。从 1999 年 2 月开始，个人住房贷款可扩大到借款人自用的各类型住房贷款（《关于开展个人消费信贷的指导意见》，银发[1999]73 号）。

⑥其他到位资金：指在报告期收到的除以上各种资金之外其他用于房地产开发的资金。包括国家预算内资金、债券、社会集资、个人资金、无偿捐赠的资金及用征地迁移补偿费、移民费等进行房地产开发的资金。

15.本年各项应付款合计：指在房地产开发过程中应付未付的投资款。包括应付工程款、应付器材款、应付工资、应付有偿调入器材及工程款、其他应付款、应交税金、应交基建收入、应交投资包干结余、应交能源交通建设基金、应交预算调节基金及其他应交款。各项应付款填报本报告期实际增加数（或发生数），不是填报开始建设以来的累计数。

三、房地产开发企业施工和销售指标

1.房屋施工面积：指报告期内施工的全部房屋建筑面积。包括本期新开工的房屋建筑面积、上期跨入本期继续施工的房屋建筑面积、上期停缓建在本期恢复施工的房屋建筑面积、本期竣工的房屋建筑面积以及本期施工后又停缓建的房屋建筑面积。多层建筑面积应填各层建筑面积之和。

2.房屋新开工面积：指报告期内新开工建设的房屋建筑面积，以单位工程为核算对象，即整栋房屋的全部建筑面积，不能分割计算。不包括在上期开工跨入报告期继续施工的房屋建筑面积和上期停缓建而在本期恢复施工的房屋建筑面积。房屋的开工应以房屋正式开始破土刨槽（地基处理或打永久桩）的日期为准。

3.房屋竣工面积：指报告期内房屋建筑按照设计要求已全部完工，达到住人和使用条件，经验收鉴定合格或达到竣工验收标准，可正式移交使用的各栋房屋建筑面积的总和。

4.不可销售面积：指报告期房地产公司竣工的用于拆迁还建的房屋面积；接受委托、定向开发建设，并收取一定的管理费所建设的统建代建房屋竣工面积；竣工的学校、幼儿园、派出所、居委会、商店等公益设施建筑面积。

5.住宅竣工套数：指报告期内按照设计要求已全部完工，经验收合格，达到住人或使用条件的正式交给开发公司的成套住宅数量（以设计图纸为准）。

6.房屋竣工价值：指报告期内按规定已经上报竣工的房屋本身的建造价值。一般按房屋设计和预算规定的内容计算。包括竣工房屋本身的基础、结构、屋面、装修以及水、电、卫等附属工程的建筑价值，也包括作为房屋建筑组成部分而列入房屋建筑工程预算内的设备（如电梯、通风设备等）的购置和安装费用；不包括厂房内的工艺设备、工艺管线的购置和安装，工艺设备基础的建造；室外的水、暖、电、卫、道路工程、挡土墙等环境工程的费用，办公和生活用家具的购置等费用；购置土地的费用；迁移补偿费和场地平整的费用及城市建设配套投资。

房屋竣工价值不仅包括该竣工房屋在报告期内完成的价值，也包括跨年施工的房屋在本期以前完成的价值。未竣工而转让给其他单位的房屋建筑工程，出让单位不计算竣工价值，待接受单位继续施工并符合竣工条件后，由接受单位计算其竣工价值，包括出让单位在出让前所完成的价值。房屋竣工价值一般按结算价格（或中标价）计算。

7.房屋出租面积：指在报告期期末房屋开发单位可供出租的商品房屋的全部面积。

8.商品房销售面积：指报告期内出售商品房屋的合同总面积（即双方签署的正式买卖合同中所确定的建筑面积）。由现房销售面积和期房销售面积两部分组成。

（1）现房销售面积：指在报告期内正式签订买卖合同、已经竣工达到入住条件的商品房屋建筑面积。包括以一次性付款方式和分期付款方式销售的现房建筑面积。

（2）期房销售面积：指在报告期内正式签订买卖合同、正在建设尚未竣工交付使用的商品房屋建筑面积。包括以一次性付款方式和分期付款方式销售的商品房屋建筑面积。期房销售建筑面积竣工后不再结转为现房销售建筑面积。

9.商品房销售额：指报告期内出售商品房屋的合同总价款（即双方签署的正式买卖合同中所确定的合同总价）。该指标与商品房销售面积同口径，由现房销售额和期房销售额两部分组成。

（1）现房销售额：指报告期内销售的已竣工商品房屋的合同总价款。包括现房销售前期预收的定金、预收款、首付款及全部按揭贷款的本金等款项。该指标与现房销售面积同口径。

（2）期房销售额：指报告期内销售的正在建设尚未竣工的商品房屋的合同总价款。包括预售房屋前期预收的定金、预收款、首付款及全部按揭贷款的本金等项。该指标与期房销售面积同口径。

10.商品住宅销售套数：指报告期内出售商品房屋合同中总的成套住宅数量（即双方签署的正式买卖合同中所确定的成套住宅数量）。由现房销售套数和期房销售套数两部分组成。

（1）现房销售套数：指报告期内销售的已竣工商品房屋合同中总的成套住宅数量。

（2）期房销售套数：指报告期内销售的正在建设尚未竣工的商品房屋合同中总的成套住宅数量。

11.待售面积：指报告期末已竣工的可供销售或出租的商品房屋建筑面积中，尚未销售或出租的商品房屋建筑面积，包括以前年度竣工和本期竣工的房屋面积，但不包括报告期已竣工的拆迁还建、统建代建、公共配套建筑、房地产公司自用及周转房等不可销售或出租的房屋面积。按照商品房待售时间的长短可以划分为待售一年以下、待售一年到三年（含一年）和待售三年以上（含三年）。

四、主要分组指标

1.登记注册类型：企业法人的登记注册类型，依据在工商行政管理机关登记注册的类型填写。

机关、事业单位和社会团体及其他组织的登记注册类型，依据主要经费来源和管理方式，根据实际情况，比照《关于划分企业登记注册类型的规定》确定。工商行政管理部门对企业（单位）登记注册的类型分为以下几种：

（1）国有企业：指企业全部资产归国家所有，并按《中华人民共和国企业法人登记管理条例》规定登记注册的非公司制的经济组织。不包括有限责任公司中的国有独资公司。

（2）集体企业：指企业资产归集体所有，并按《中华人民共和国企业法人登记管理条例》规定登记注册的经济组织。

（3）股份合作企业：指以合作制为基础，由企业职工共同出资入股，吸收一定比例的社会资产投资组建，实行自主经营，自负盈亏，共同劳动，民主管理，按劳分配与按股分红相结合的一种集体经济组织。

（4）联营企业：指两个及两个以上相同或不同所有制性质的企业法人或事业单位法人，按自愿、平等、互利的原则，共同投资组成的经济组织。联营企业包括国有联营企业、集体联营企业、国有与集体联营企业和其他联营企业。

国有联营企业：指所有联营单位均为国有。

集体联营企业：指所有联营单位均为集体。

国有与集体联营企业：指联营单位既有国有也有集体。

其他联营企业：指上述三种联营企业之外的其他联营形式的企业。

（5）有限责任公司：指根据《中华人民共和国公司登记管理条例》规定登记注册，由两个以上，五十个以下的股东共同出资，每个股东以其所认缴的出资额对公司承担有限责任，公司以其全部资产对其债务承担责任的经济组织。有限责任公司包括国有独资公司以及其他有限责任公司。

国有独资公司：指国家授权的投资机构或者国家授权的部门单独投资设立的有限责任公司。

其他有限责任公司：指国有独资公司以外的其他有限责任公司。

（6）股份有限公司：指根据《中华人民共和国公司登记管理条例》规定登记注册，其全部注册资本由等额股份构成并通过发行股票筹集资本，股东以其认购的股份对公司承担有限责任，公司以其全部资产对其债务承担责任的经济组织。

（7）私营企业：指由自然人投资设立或由自然人控股，以雇佣劳动为基础的营利性经济组织。包括按照《公司法》、《合伙企业法》以及《个人独资企业法》规定登记注册的私营独资企业、私营合伙企业、私营有限责任公司、私营股份有限公司和个人独资企业。

私营独资企业：由一名自然人投资经营，以雇佣劳动为基础，投资者对企业债务承担无限责任的企业。

私营合伙企业：由两个以上自然人按照协议共同投资、共同经营、共负盈亏，以雇佣劳动为基础，对债务承担无限责任的企业。

私营有限责任公司：由两个以上自然人投资或由单个自然人控股的有限责任公司。

私营股份有限公司：由五个以上自然人投资，或由单个自然人控股的股份有限公司。

个人独资企业：由一个自然人投资，财产为投资人个人所有，投资人以其个人财产对企业债务承担无限责任的经营实体。个人独资企业填表时归入私营独资企业。

（8）其他内资企业：指上述第（1）条至第（7）条之外的其他内资经济组织。

（9）与港澳台商合资经营企业：指港澳台地区投资者与内地的企业依照《中华人民共和国中外合资经营企业法》及有关法律的规定，按合同规定的比例投资设立，分享利润和分担风险的企业。

（10）与港澳台商合作经营企业：指港澳台地区投资者与内地企业依照《中华人民共和国中外合作经

营企业法》及有关法律的规定，依照合作合同的约定进行投资或提供条件设立，分配利润、分担风险和亏损的企业。

（11）港澳台商独资经营企业：指依照《中华人民共和国外资企业法》及有关法律的规定，在内地由港澳台地区投资者全额投资设立的企业。

（12）港澳台商投资股份有限公司：指根据国家有关规定，经商务部（原外经贸部）批准设立，并且其中港、澳、台商的股本占公司注册资本的比例达 25%以上的股份有限公司。凡其中港、澳、台商的股本占公司注册资本的比例小于 25%的，属于内资中的股份有限公司。

（13）其他港、澳、台商投资企业：指在中国境内参照《外国企业或个人在中国境内设立合伙企业管理办法》和《外商投资合伙企业登记管理规定》，依法设立的港、澳、台商投资合伙企业。

（14）中外合资经营企业：指外国企业或外国人与中国内地企业依照《中华人民共和国中外合资经营企业法》及有关法律的规定，按合同规定的比例投资设立，分享利润和分担风险的企业。

（15）中外合作经营企业：指外国企业或外国人与中国内地企业依照《中华人民共和国中外合作经营企业法》及有关法律的规定，依照合作合同的约定进行投资或提供条件设立，分配利润、分担风险和亏损的企业。

（16）外资企业：指依照《中华人民共和国外资企业法》及有关法律的规定，在中国内地由外国投资者全额投资设立的企业。

（17）外商投资股份有限公司：指根据国家有关规定，经商务部（原外经贸部）批准设立，并且其中外资的股本占公司注册资本的比例达 25%以上的股份有限公司。凡其中外资股本占公司注册资本的比例小于25%的，属于内资中的股份有限公司。

（18）其他外商投资企业：指在中国境内依照《外国企业或个人在中国境内设立合伙企业管理办法》和《外商投资合伙企业登记管理规定》，依法设立的外商投资合伙企业。

2. 企业控股情况：根据企业实收资本中某种经济成分的出资人的实际投资情况，或出资人对企业资产的实际控制、支配程度进行分类。具体分为国有控股、集体控股、私人控股、港澳台商控股、外商控股和其他六类。

（1）国有控股：包括：

①在企业的全部实收资本中，国有经济成分的出资人拥有的实收资本（股本）所占企业全部实收资本（股本）的比例大于 50%的国有绝对控股。

②在企业的全部实收资本中，国有经济成分的出资人拥有的实收资本（股本）所占比例虽未大于 50%，但相对大于其他任何一方经济成分的出资人所占比例的国有相对控股；或者虽不大于其他经济成分，但根据协议规定拥有企业实际控制权的国有协议控股。

③投资双方各占 50%，且未明确由谁绝对控股的企业，若其中一方为国有经济成分的，一律按国有控股处理。

（2）集体控股：包括：

①在企业的全部实收资本中，集体经济成分的出资人拥有的实收资本（股本）所占企业全部实收资本（股本）的比例大于 50%的集体绝对控股。

②在企业的全部实收资本中，集体经济成分的出资人拥有的实收资本（股本）所占比例虽未大于 50%，但相对大于其他任何一方经济成分的出资人所占比例的集体相对控股；或者虽不大于其他经济成分，但根据协议规定拥有企业实际控制权的集体协议控股。

（3）私人控股：包括：

①在企业的全部实收资本中，私人经济成分的出资人拥有的实收资本（股本）所占企业全部实收资本（股本）的比例大于50%的私人绝对控股。

②在企业的全部实收资本中，私人经济成分的出资人拥有的实收资本（股本）所占比例虽未大于50%，但相对大于其他任何一方经济成分的出资人所占比例的私人相对控股；或者虽不大于其他经济成分，但根据协议规定拥有企业实际控制权的私人协议控股。

（4）港澳台商控股：包括：

①在企业的全部实收资本中，港澳台商经济成分的出资人拥有的实收资本（股本）所占企业全部实收资本（股本）的比例大于50%的港澳台商绝对控股。

②在企业的全部实收资本中，港澳台商经济成分的出资人拥有的实收资本（股本）所占比例虽未大于50%，但相对大于其他任何一方经济成分的出资人所占比例的港澳台商相对控股；或者虽不大于其他经济成分，但根据协议规定拥有企业实际控制权的港澳台商协议控股。

（5）外商控股：包括：

①在企业的全部实收资本中，外商经济成分的出资人拥有的实收资本（股本）所占企业全部实收资本（股本）的比例大于50%的外商绝对控股。

②在企业的全部实收资本中，外商经济成分的出资人拥有的实收资本（股本）所占比例虽未大于50%，但相对大于其他任何一方经济成分的出资人所占比例的外商相对控股；或者虽不大于其他经济成分，但根据协议规定拥有企业实际控制权的外商协议控股。

（6）其他：除上述五类以外的企业控股情况。

3.隶属关系：指本单位隶属于哪一级行政管理单位。分为：中央、地方和其他。中央与地方双重领导的单位，以领导为主的一方来划分中央属或地方属。